KB190965

불편함에
편안함을 느껴라

불편함에 편안함을 느껴라

나를
성장시키는
365일

마음 단련
프로젝트

벤 알드리지 지음 | 정시윤 옮김

파인북

벤의 면책조항

이 책에 나온 일부 아이디어는 극도로 위험해질 소지가 있다. 그 결과로 나는 여러 가지 흥미로운 상황에 부닥치곤 했다. 제발 미친 짓을 해서 죽지 말라. 도전 과제를 시도하기 전에 특정 의료, 법, 기술 관련 전문가와 상의하기를 권한다. 안전이 우선이다.

프롤로그

시저 팰리스 호텔에 누워 심장마비가 오고 있다고 생각했다. 이건 내가 휴가를 보내려고 했던 방식이 아니었다. 특히나 라스베이거스에서는. 2주간 100번쯤은 찾아왔던 느낌이었고, 곧 죽을 것만 같았다. 심장이 마구 내달렸고, 몸은 덜덜 떨렸으며, 마라톤 풀코스를 뛴 듯 땀이 솟구쳤다.

하지만 최악은 두려움이었다. 두려움이 너무 극심하고 압도적이어서 머리가 터져버릴 것만 같았다. 아드레날린*이 온몸에 치솟아 똑바로 생각할 수 없었다. 여자 친구 헬렌이 옆에 앉아 나를 진정시키려고 최선을 다하고 있었지만, 그녀가 하는 말을 알아듣기도 힘들었다. 아무것

---

* 아드레날린: 스트레스 상황이나 위기 상황에서 분비되는 호르몬

도 이해되지 않았다. 나는 터무니없이 큰 침대에 누워 바깥세상이 내 주변으로 쪼그라들기 시작했다고 느꼈다. 천장을 뚫어지게 쳐다보다 눈을 감았다. 도대체 나에게 무슨 일이 일어난 걸까?

내 증상을 알게 된 부모님은 내가 스스로를 이런 광분의 상태로 집어넣고 있는지도 모른다고 말했다. 그리고 그게 내 정신 상태에서 비롯되었을 수 있다고 조심스레 의견을 내놓았다. 하지만 나는 그들의 의견을 받아들일 수 없었다. 그렇다고 가만히 있을 수도 없는 노릇이었다.

병원에 가는 것을 좋아하지 않지만(누가 좋아하겠나?) 이런 상황을 해결하려면 뭐든 해야 했다. 무슨 일이 일어나고 있는 건지 알아내야 했고, 해결책을 찾는 데 필사적이 되었다. 지역 병원에 응급으로 예약하고 모든 것을 파헤쳐보기로 결심했다. 여전히 신체적 질병이라고 생각하고 있었기 때문에, 의사가 내 증상을 '불안'으로 인정했을 때는 놀랄 수밖에 없었다. 다른 사람 모두 – 의사와 헬렌, 부모님 – 에게는 아주 명확한 증상과 결과였겠지만, 나에게는 보이지 않았다. 무슨 이유인지 모르겠지만, 불안이 내 몸을 잠식하고 있다는 사실을 알아채지 못했다. 어쩌면 마음에 '잘못된' 무언가가 있다는 게 너무 두려운 나머지, 그 결과를 인정하는 것을 배제해 버린 건지도 모르겠다.

이것은 두 가지 원인 때문이라고 생각한다. 하나는 무지에서 비롯된 것이다. 즉, 나는 불안에 대해 전혀 알지 못했다. 또 다른 하나는 '미친 사람' 취급을 받는 것이 두려웠던 것이다. 정신 건강에 그렇게 광범

위한 질환이 있다는 사실을 완전히 헤아리지 못했다. 그게 언제, 누구에게라도 영향을 미칠 수 있다는 사실을 깨닫지 못했다. 나는 정신적 질환을 흑백논리로만 생각했다. '괜찮거나, 그렇지 않으면 정신 병원에 가야 한다'고만 여겼다. 이처럼 정신세계에 대한 무지는 우리를 행복으로부터 멀리 떨어뜨려 놓는다.

불안은 모든 사람에게 영향을 주고 상황에 따라 나타났다 사라진다. 걱정하거나 두려워할 때 몸에서는 일련의 신체적 증상들이 나타날수 있다. 빠른 심박수, 혈관을 타고 흐르는 아드레날린, 어지럼증, 몽롱함, 메스꺼움 등이 일반적인 증상이다. 이는 인간 본성의 일부이며, '투쟁 도피 반응fight or flight*'이라고도 하지만 이러한 신체의 반응은 근본적인 생존 본능이고 정말로 감사해야 할 대상이다.

미래의 사건에 대해 걱정하는 것은 지극히 정상이며, 우리는 작은 위협이나 상상 속 위협에 반응하는 이런 투쟁 도피 증상을 때때로 경험한다.

공황 발작은 조금 다르다. 근본적으로 아주 극심한 불안이 순간적으로 일어나고, 그에 압도되어 죽을 것 같다고 느낀다(농담이 아니다). 공황 발작을 처음 겪게 되면 심장마비라고 착각하고 구급차를 불러도 이

---

*   투쟁 도피 반응: 교감신경계가 활성화될 때 일어나는 반응으로, 위급 상황에 빨리 대응할 수 있도록 신체를 준비시키는 상태

상하지 않다. 그만큼 강력하고 두렵다.

심장마비처럼 병원으로 급히 이송될 필요는 없더라도, 공황 발작은 큰 불쾌감을 줄 수 있다. 그건 창문으로 기어오르는 곰처럼 특정하고 분명한 계기로 발생할 수도 있고, 너무 붐비는 버스(어쩌면 곰만큼 무섭지는 않을)에 대해 걱정하는 것처럼 마음이 지나치게 부풀린 무언가 때문에 발생할 수도 있다. 공황 발작은 일회성 사건일 수도 있고 반복적으로 일어날 수도 있다. 보통 몇 분밖에 지속되지 않지만, 그 강도는 매우 강력하며 급격한 신체 변화를 일으킬 수 있다.

나는 공황 발작과 불안, 두 가지를 모두 경험했다. 그놈들은 나에게 몰래 다가와 큰 타격을 주었다. 나에게는 대처 기제coping mechanism*가 준비되어 있지 않았고, 정신 건강에 대한 교육도 매우 부족했다. 당시에는 이 두려움과 불안이 어디에서 오는지, 왜 내 삶에 나타났는지 알지 못했다. 표면상으로 나는 걱정할 것이 없었다. 좋은 직장, 수년을 같이한 근사한 여자 친구, 끝내주는 친구들, 사랑하는 가족들과 늘 함께였다. 이 스트레스는 어디에서 왔고 나는 왜 이런 극심한 공포를 경험하게 되었을까? 이 모든 질문이 궁극적으로 삶을 바꾸는 모험, 내가 이 책에서 여러분과 공유할 모험으로 나를 이끌었다. 어쨌든 그건 잠시 뒤에 보기로 하고 병원과 내 이야기로 돌아가 보자.

---

* 대처 기제: 위험에 처했을 때, 이에 대처하기 위하여 취하는 신체적·심리적인 적응 행위

의사는 상담 치료부터 시작해 보자고 제안했다. 내키지 않았다. 나는 사적인 이야기를 잘 하지 않는 사람이고, 치료가 필요하다고 생각하지 않았다(어쩌면 그때 내 마음이 너무 닫혀 있었는지도 모른다). 어떤 이유에선지 나는 이 문제를 직접 풀고 싶었다. 뭐든 스스로 하려는 사람인 것이 여기서는 도움이 되지 않았다고 짐작한다. 나는 무엇이든 스스로 알아내기를 좋아하고 항상 프로젝트를 계속해 나가는 데 재주가 있었다. 불안에 대처하는 방법을 배우는 건 내 새로운 집착이 되었고, 실용적인 팁과 대처 기제를 수집하는 것은 내 새로운 취미가 되었다.

나는 폭넓게 책을 읽기 시작했다. 철학, 심리학, 인지행동치료Cognitive Behavioural Therapy **, 자기 계발, 영감을 주는 전기 등 도움이 될지도 모른다고 생각되는 책을 모두 닥치는 대로 읽었다. 인간의 마음에 대해 배우려고 정말 터무니없이 많은 돈과 시간을 책에 투자했다. 배운 모든 것을 메모했다. 기적적인 불안 치료법을 찾는 정신 나간 과학자라도 된 기분이었다(아마 그렇게 보이기도 했을지 모른다).

그 후 몇 주간 나는 나에게 무슨 일이 일어나고 있는지, 마음에 어떤 일이 벌어지고 있는지, 다시 주도권을 잡으려면 뭘 할 수 있는지, 명확한 그림을 그리기 시작했다. 그리고 연구를 통해 많은 이론과 생각해 볼 아이디어를 얻었다.

** 인지행동치료: 개인의 부정적인 사고 패턴을 찾아내고 변화시켜 정서 장애나 행동 장애를 다루는 치료법

내가 정말로 공감한 한 가지 개념은 '컴포트존comfort zone*'이었다. 우리는 모두 컴포트존을 가지고 있고, 사람들의 성장과 변화에 따라 삶 전반에 걸쳐 모두 다른 모양을 띠게 된다. 나는 컴포트존을 계속해서 진화하는―그 모양이 우리가 접한 경험에 따라 좌우되는―것으로 본다.

동그란 원처럼 보이는 컴포트존을 상상해 보자. 원 안에 있을 때 우리는 안전하고 편안하다고 느긴다. 하지만 원 밖으로 나가면 무섭고 무력하고 불편하다. 예를 들어 친구, 동료와는 편하게 이야기를 나눌 수 있지만, 직장에서 수백 명의 사람 앞에서 발표하라는 요청을 받으면 걱정되기 시작한다.

주목할 점은 우리가 모두 다른 컴포트존을 가질 수 있고, 그건 우리가 무엇을 하느냐에 따라 결정된다는 것이다. 누구나 자신에게 익숙한 일이나 취미, 사회생활이 있을 수 있다. 바로 이 특정한 곳에서 누군가는 편안함을 느끼고 자신감이 충족된다. 여러분도 삶에서 자신감을 느끼는 영역이 있으리라 확신한다.

하지만 우리가 불안을 극복하고 고통에 면역을 키우기 위해서는 컴포트존을 넓혀야 한다. 그러려면 그곳을 떠나야 한다. 경계선을 지나 미지의 영역을 탐험해야 한다. 이렇게 하면 경계를 허물어 편안하게 느끼는 영역의 지평을 넓힐 수 있다.

---

*　컴포트존: 자신이 통제할 수 있어 심리적 편안함을 느끼는 영역

삶의 통제권을 되찾기 위해 개인적으로 무엇을 할 수 있는지 광범위한 연구를 하던 중 나는 스토아학파라는 사상가 집단을 우연히 발견했다. 고대 그리스와 로마의 스토아 철학자들은 더 강하고 탄력 있는 마음가짐을 개발하기 위해 역경을 실천하는 일을 지지하는 이들이었다. 그들은 음식을 훨씬 적게 먹고, 악천후를 받아들이고, 가난을 실천하는 등 다양한 방식으로 이를 실행했다.

나는 이 아이디어가 마음에 들었고 그들의 대담함에 감명을 받아 이 아이디어를 상세히 탐구하고 개인적으로 역경을 실천할 방법을 생각하기 시작했다. 컴포트존에서 나가려면 뭘 해야 할까?

머릿속에서 수많은 질문이 툭툭 튀어나와서 실험해 보기로 결심했다. 정신이 나갈 정도로 무서운 일들을 모두 목록에 적고, 그와 관련된 일련의 도전 과제를 만들었다. 목록은 무서울 것 같다고 생각되는 일부터 어렵고 힘들다고 느껴지는 일까지 확장되었다. 몇몇 아이디어는 엉뚱해서 머릿속과 종이 위에서 아이디어를 이리저리 가지고 노는 게 즐거웠다. 목록을 확장하기 시작하자, 머릿속은 컴포트존에서 자신을 밀어낼 새롭고 흥미로운 방법들로 부산해졌다. 아이디어가 홍수처럼 쏟아져나와 금세 어렵고, 무섭고, 신나는 도전 과제들을 담은 거대한 목록을 얻었다. 사실 아이디어는 수백 개가 있었다. 머리가 마구 돌아갔고, 이제 나에게는 나가서 할 용기만 있다면 자신을 단단하게 만들 수 있는 도전 목록이 생겼다. 프로젝트의 아이디어가 탄생하는 순간이었다.

나는 두려움과 불안을 똑바로 마주하고, 모두 자기 계발이라는 이름 아래 야심 찬 도전 목록을 하나씩 실행하기로 결심했다. 효과가 없다면 언제든 도전을 중단하고 다른 접근법을 시도해 보면 되었다. '컴포트존 도전'을 실행할 준비를 마치고, 나는 이 개인 프로젝트를 나의 '역경의 해'로 명명했다.

'역경의 해'는 지금까지 살면서 가장 중요한 해였다. 이러한 도전 덕분에 이제 나에게는 여러 가지 색다른 취미와 흥미로운 기술이 생겼다. 결코 잊지 못할 무모하고 멋진 경험도 한 보따리 생겼다. 일부 경험은 저녁 식사 때 나눌만한 환상적인 이야기이며, 정말 굉장한 기억을 많이 남겨주었다.

가장 위대한 결과는 내가 더 이상 두려움으로 가득 차 있지 않고 정신적으로 강하다고 느낀다는 것이다. 자신감은 회복되었고 공황 발작은 멈췄다! 상황이 어려워지기 시작하면 활용할 방대한 양의 도구와 요령이 있고, 눈앞에 있는 삶의 문제들을 이겨낼 자신이 있다. 이 모든 경험 덕분에 자신을 더 많이 알게 되었다고 느끼며 그 통찰력에 대단히 감사한다.

이 책의 주목적은 여러분이 정신력을 기르도록 돕는 것이다. 내가 이 모험에서 완수한, 31가지의 가장 이상하고도 멋진 도전 과제를 공유하고, 시도해 보라고 격려할 것이다. 이 도전 과제들을 실행함으로써 여러분은 개인적으로 고난과 역경을 이겨낼 전략을 개발할 수 있을 것이다.

또한 이 자기 발견의 여정에 나와 함께한다면 여러분은 거칠고 우스꽝스러운 경험을 하게 될 거라 보장한다. 사람들과 나눌(혹은 거들먹거릴) 환상적인 이야깃거리가 많이 생길 것이고, 목록에서 도전 과제에 완료 표시를 하고, 미지의 것을 맞이할 때 효과적으로 기능하는 방법을 배우면서 자신에 대해 더 많이 발견할 것이다.

기본적으로 이 책은 **'불편함에 편안해지는 방법'**을 가르쳐 줄 것이다. 여정을 즐기길 바란다.

저자 벤 알드리지

차례

회복탄력성*을 놓이는 방법

---

*   회복탄력성: 스트레스나 역경에 적극적으로 대처하고 극복해 내는 능력

정신력을 기르는 방법은 아주 많다. 철학과 대중심리학에서 나온 사상들을 살펴보는 데서 시작하면 아주 좋다. 철학은 재미없는 학문이라고 알려져 있다. 나도 철학 공부를 시작하기 전까지는 철학이란 트위드 재킷을 걸치고 파이프 담배를 피우는, 수염이 덥수룩한 노신사들만의 전유물이라 생각했을 정도다.

하지만 실제로 만나본 철학은 궁극적인 자기 계발, 정신 훈련의 도구로 아주 유용하다. 다양한 철학자가 기록해 온 지혜와 통찰력은 그야말로 엄청나다. 이러한 사상은 매우 실용적이어서 오랜 세월을 견고하게 버텨왔다. 물론, 정치 체계와 이데올로기, 존재의 본질을 논하는 학문적 철학도 아주 많지만, 더 나은 삶을 살아가고자 할 때 실제로 실천해 볼 수 있는 실용적인 조언도 매우 많다. 세상에 존재하는 철학의 범주도 아주 다양해서 나는 까다롭게 선택해야 했다. 그렇게, 가장 공감되었던 두 사상 ─ 스토아 철학과 불교 사상 ─ 으로 선택지를 좁혀 나갔다.

우선, 이 두 가지를 하나씩 간단히 살펴본 후에 실행해 볼만한 여러 가지 유용한 정보와 요령을 알려주겠다. 기대되지 않는가?

　　대중심리학은 쉽게 이해할 수 있는 사상들로 채워져 있다. '대중'이라는 단어에서 알 수 있듯, 심리학 전문 지식이 없는 사람들도 이런 사상에 쉽게 다가갈 수 있다. 교과서는 이미 창문 밖으로 내던져졌으니, 더는 복잡하고 난해한 심리학을 해독하려고 미친 듯이 애쓰지 않아도 된다.

　　대중심리학은 마음을 위한 간편식이다. 우리는 '인지행동치료CBT'와 '마음가짐mindset'의 개념을 살펴볼 것이다. 그리고 이 개념들은 우리가 이 책에서 더 힘든 도전과 맞닥뜨릴 때 도움을 줄 것이다.

　　이러한 사상을 공부하고 받아들이면서 여러분의 회복탄력성은 성장하기 시작한다. 애쓰지 않고도 역경과 고난을 다스릴 수 있도록 사고방식을 전환하는 일이 쉽지는 않겠지만, 이 사상들이 여러분에게 용기를 줄 것이다.

　　이는 실용적인 개념으로 시작해 도전으로 끝난다. 고대 그리스에서 문을 열어 얼음을 가득 채운 욕조에 앉은 여러분이 나에게 퍼붓는 저주로 막을 내리는 것이다. 이게 내 이론이다. 뒤에서 다룰 사상들이 여러분에게 영감을 불어넣어 주길 바란다.

스토아 철학

스토아 철학은 기원전 300년경 고대 그리스에서 시작되었다. '제논Zeno'이라는 철학자가 자기 이해와 자기 수양, 자기 훈련의 진정한 중요성을 알아낸 후에 스토아학파를 창시했다. 그는 실용적인 철학, 삶의 어려움에 대처하는 데 일상적으로 활용할 수 있는 철학을 원했다. 이 사상은 나중에 고대 로마로 퍼져나갔고, 그 시기에 많은 혁신가가 스토아학파를 따랐다. 이 현상은 한동안 지속되었지만, 이후 기독교 사상이 그 자리를 대신하게 되었다. 그 후 철학에 큰 변화가 없었던 공백기가 있었고, 아마도 이 시기에는 그저 손가락만 꼼지락거렸을 것이다.

이후 유스투스 립시우스Justus Lipsius, 1547~1606가 기독교 사상과 스토아 철학을 접목하려 시도하면서 그 위상을 되찾는 듯했으나 오래가지는 않았다. 다시 스토아 철학의 역사에 긴 공백기가 찾아왔고, 손가락만 꼼지락거리는 시간이 이어졌다.

또 한참을 건너뛰어 최근 몇 년을 돌아보면 스토아 철학이 다시 사람들의 관심 속에 부활했다는 사실을 알 수 있다. 지금은 그 인기가 매우 높아져서, 최근에는 프로 미식축구팀들이나 세계적 리더들, 실리콘밸리의 기업가들이 결정을 내리거나 사고하는 과정에서 스토아 철학을 길잡이로 활용한다는 이야기도 들려온다.

스토아 철학을 연구한 철학자는 무척 많다. 또 그만큼 그들이 저술

한 책도 무궁무진하다. 그중 세 명의 주요 인물은 바로 아우렐리우스와 세네카, 그리고 에픽테토스다. 스토아 철학에 관심이 있다면 이 세 사람을 기점으로 그들의 연구를 탐구해 보기를 강력히 추천한다.

세네카로 알려진 루키우스 안나이우스 세네카Lucius Annaeus Seneca, 기원전 4년~서기 65년는 여러 중대한 공적을 세워 스토아 철학에 이바지한 로마의 스토아 철학자였다. 그의 많은 공적은 가족 및 친구들과 주고받은 편지 속 조언에서 비롯되었다.

『스토아 철학자에게서 온 편지Letters from a Stoic』는 세네카가 쓴 스토아 철학 입문서이자 현대 사회에 적절한 조언을 제공하는 책이다. 세네카는 독재로 악명 높았던 로마 황제, 네로의 조언자였으나 끝은 좋지 않았다. 네로가 홧김에 세네카에게 죽음을 명령했던 것이다. 세네카는 절제와 스토아 철학 정신으로, 자신의 운명을 받아들이고 불평 없이 명령을 받들어 스스로 목숨을 끊었다. 누구든 한두 번쯤은 분노를 터뜨리고 감정에 호소했을 터이다.

다음 '스토아 철학의 전설'은 에픽테토스Epictetus, 55~135년다. 에픽테토스는 노예로 태어났지만, 주인에게 공부해도 좋다는 허락을 받고 철학에 눈을 떴다. 이후 자유를 얻게 되고 나중에는 그리스에 철학 학교를 세운다. 읽어볼 만한 에픽테토스의 주요 저서로는 『삶의 기술The Enchiridion』이 있다. 이 책은 삶을 살아가는 방식에 철학적으로 접근한 안내서 역할을 한다. 에픽테토스의 사상은 인지행동치료를 고안하는데 매우 큰 영향을 준 것으로 유명하다. 이는 뒤에서 좀 더 자세히 살펴보겠다.

마르쿠스 아우렐리우스Markus Aurelius, 121~180년도 스토아 철학의 중심인물 중 하나다. 그는 서기 161년부터 180년까지 로마의 황제로 군림했고, 『명상록Meditations』이라는 유명한 저서를 남겼다. 이 책은 출간할 의도 없이, 아우렐리우스가 스토아 철학에 관해 자신의 사상을 기록한 일기였다. 짧은 구절과 격언으로 이루어져 읽기 쉬운 책이다.

스토아 철학에서 내게 가장 흥미롭게 다가온 측면은 어떻게 스토아 철학자들이 우리가 정신력을 기르도록 격려하는지에 관한 것이다. 이는 간결하고도 유용한 '황금 법칙'으로 요약할 수 있다.

> **스토아 철학의 황금 법칙: 우리가 통제할 수 있는 유일한 것은 외부에서 일어나는 일에 어떻게 반응하는지다.**

이 문장이 스토아 철학을 아주 간결하게 말해 준다. 이 문장의 핵심은 주변 세상에 대한 우리의 반응이며, 이는 선택할 수 있다. 스토아 철학자들은 사람이 외부 사건을 통제하는 일이 완전히 불가능하다는 사실을 받아들였다. 삶은 매우 종잡을 수 없고 언제나 예상치 못한 일이 일어난다. 예를 들어 잼을 바른 토스트를 바닥에 떨어뜨렸다면 실제로 할 수 있는 일은 짜증을 내거나 받아들이는 것이다. 바닥은 잼으로 떡칠이 되었고 토스트는 먹을 수 없는 지경이 되었으니 불가능하게 들려도 선택의 여지는 있다. 그쯤은 대수롭지 않다는 듯 웃어넘길 수 있다. 토스트를 새로 구울 수도 있다. 생각해 보면 정말 별일이 아니다.

"문제는 일어난 일이 아니라 어떻게 반응하는지다."

‒ 에픽테토스

우리는 안 좋은 일, 어려운 일, 기분 나쁜 일이 일어날 때 그 일에 어떻게 대처할지 선택할 수 있다. 떨어뜨린 토스트보다 더 큰 문제에도 당연히 적용된다. 어떤 일이 닥치든 우리는 쉽게 불에 기름을 붓고 불평하며 부정적인 면에 초점을 맞추어 상황을 더 악화시킬 수 있다. 스토아 철학자들은 해결책을 찾는 데 집중하려고 노력했다. 맞닥뜨린 문제를 깨닫고 긍정적인 태도를 유지하겠다는 선택을 할 것인가? 이런 일을 처리하는 더 좋은 방법이 있는가? 이런 상황에 어떻게 대응할 것인가? 이런 종류의 질문이 여러분의 반응을 분석하고, 그 반응이 현재 상황에 도움을 주는지 아니면 악화시키는지 알려준다. 이것이 바로 스토아 철학자가 세상을 보는 방법이다.

이 과정을 터득하기 위해서는 당연히 연습이 필요하다(그래서 이 책에 도전 과제들을 실었다). 사실, 스토아 철학자들은 끊임없이 자신의 태도를 갈고닦았다. 그리 유명하지 않은 스토아 철학자 카토Cato가 튀는 색깔의 옷을 입었던 이유는 남의 눈을 의식하고 당혹감을 느끼는 데 반응하는 연습을 하기 위해서였다. 아우렐리우스는 하루를 돌아보며 『명상록』에 일기를 쓰면서 바깥세상을 향한 자신의 반응을 하나씩 뜯어보았다. 더 나은 자신이 될 방법을 찾으려고 노력한 것이다. 이것이 바로 삶에서 어려움을 마주할 때 발전시켜야 하는 스토아 철학자의 태도다.

처음에는 그다지 획기적인 아이디어로 보이지 않을지 모르지만, 자세히 들여다보면 이러한 관점이 실제로 얼마만큼 힘을 실어주는지 알게 될 것이다. 어떤 일이 일어나든 항상 자신의 반응을 통제할 수 있다. 무엇을 통제할 수 있고 무엇을 통제할 수 없는지 받아들이는 일은 매우 중요하다. 다음 장면을 상상해 보자.

예시 1: 아이코! 다리가 부러졌다.

자, 다리가 부러졌다. 세상이 갑자기 쪼그라들어 버렸고 스스로가 불쌍해 죽을 지경이다. 상상할 수 없을 만큼 아프고, 처음 그 멍청한 야생마를 타려고 했던 일에 짜증이 날 수도 있다. 한 달 동안 일을 쉬게 되었고 마라톤 훈련 계획이 어그러졌다. 모임 계획도 전부 다 망쳤고 주말에 가려던 축제도 더 이상 선택지에 없다.

절뚝거리며 주방으로 걸어 들어가 초콜릿을 움켜쥐었다. 배달 음식을 잡아채 다시 절뚝거리며 소파로 돌아왔다. '될 대로 되라지'라며 피자 상자를 열어, 적어도 지름이 30센티는 되는 푸짐한 덩어리를 눈으로 훑었다. 지금까지 얼마 동안은 건강한 음식을 먹었지만, 이제는 그만두기로 마음먹었다. 부러진 다리로 건강한 식재료를 파는 곳까지 가기에는 한계가 있었다. 절제하겠다는 의지를 잃어버렸고 기분이 좋지 않았다.

피자를 흡입 후 초콜릿 상자를 거칠게 뜯어 비참한 상황에 항의하듯 폭식의 향연을 준비했다. 속이 안 좋아질 게 뻔했지만, 신경 쓰지 않는다. 초콜릿을 한 조각 꺼내자 진한 향기가 풍겨온다. 입안에 침이 고이기 시작한다. 초콜릿을 입으로 가져가서 막 베어 물려는데 주방에서 '쿵' 하는 소리가 들린다. 재빨리 몸을 돌리자, 당신 쪽으로 비틀거리며 걸어오는 에픽테토스가 보인다. 에픽테토스는 죽은 지 수천 년이나 되었기에 당연히 놀랐지만, 이게 가상의 예시일 뿐이라는 걸 떠올리고는 안심한다.

에픽테토스는 당신 손에 들린 초콜릿을 '탁' 쳐내고 당신의 눈을 빤히 쳐다본다.

"이게 결국에는 나을, 부러진 다리에 반응하는 당신의 방식인가? 이건 일시적인 문제야! 왜 자기가 불쌍하다고 생각하지? 이미 벌어진 일은 어쩔 수 없어. 과거의 일이니까. 자기 행동의 결과를 받아들이고 앞날에 초점을 맞춰야 해. 여기 앉아서 자신을 불쌍하게 여기는 것으로는 아무것도 바꿀 수 없어! 이 시간을 현명하게 써야 해. 책을 읽어! 마라톤을 위해 정신을 단단히 다지도록 해. 상반신의 힘을 기르는 데 집중해. 체력을 유지하고 대신 다른 운동을 해. 건강하게 먹으면 더 빨리 나을 수 있어. 어려움에 집중하지 말고 건강한 식재료를 사러 가. 축제에도 가야 해. 목발을 짚고 걷는 도전을 과제로 삼아 정신력을 기르는 수단으로 활용해. 나가서 사람들도 만나. 다리가 부러졌어도 말은 할 수 있잖아. 당장 행동해. **불평은 집어치워.** 얼마나 더 안 좋은 상황이 될 수 있었는지 생각해 봐. 할 수 있는 일에 집중하고 일을 쉽게 된 데 감사해. **할 수 있어!**"

계속 뚫어져라 처다보는 에픽테토스에게 당신은 미덥지 않다는 듯 천천히 고개를 끄덕이고는 들고 있던 초콜릿을 다시 상자에 집어넣는다.

예시 2: 누군가 당신에게 매우 무례하게 군다.

모르는 사람이 전혀 아무런 이유 없이 당신에게 몹시 무례하게 굴었다고 상상해 보자. 그 누군가가 한 모욕적인 말에 화가 치솟는다. 우리 모두 경험한 적이 있는 일이기에 상상하기 어렵지는 않다. 우리가 상황을 평가할 때 아우렐리우스라면 이렇게 말할지도 모른다.

"반응하지 않아도 괜찮습니다. 저 무례함이 저 사람이 어떤 사람인지 말해주는 거니까요. 당신을 시험하는 겁니다. 같은 수준으로 내려갈 필요 없어요. 도덕성은 높게 유지하고 자존심은 접어두세요. 이런 일이 일어난 게 처음도 아니고 또 일어나지 말란 법도 없잖아요. 이런 일을 당할 이유가 없다고 생각해요? 당신이 그렇게 특별해요? 이런 일은 인간 경험의 일부분이고 이 일에 영향을 받지 않겠다는 선택권은 당신에게 있습니다."

이 조언을 곱씹어보고, 여러분은 상대방과 똑같이 무례하게 굴거나 화를 낼 수도 있고, 아니면 좀 더 건설적인 방향으로 끌고 나갈 수도 있다. 상대방의 얼굴에 대고 욕을 퍼부어 대는 일은 아마(확실히) 스토아 철학자의 반응이나 아우렐리우스가 선호하는 선택지는 아닐 것이다.

앞의 두 예시는 스토아 철학자가 바깥세상을 향한 그들 자신의 반응을 시험하는 데 활용할지도 모르는 종류의 대화를 보여 준다. 어떻게 스토아 철학의 황금 법칙을 삶에 적용할 수 있는지 확실히 보여 준다. 비록 이렇게 반응하는 일이 처음에는 자연스럽게 느껴지지 않을지도 모르지만, 시간이 지나면 여러분도 스토아 철학자처럼 반응할 수 있다. 그렇다면 나는 여러분을 위해 축포를 준비하겠다.

또한 좀 더 나아가 극도로 힘든 상황을 스토아 철학자의 눈을 통해 보고 어떻게 스토아 철학의 핵심 사상이 여전히 심리적 압박에 맞서는지, 그 방법을 알아볼 수 있다. 예를 들어 셀 수 없이 많은 전쟁 포로가 외부의 상황이 자신의 정신을 산산조각 내도록 두지 않고 거부함으로써 끔찍한 조건에서 살아남았다. 이런 태도와 경험에 녹아 있는 통찰력을 들여다보고 싶다면 빅터 프랭클Viktor Frankl이 제2차 세계 대전 중에 나치 포로수용소에서 보낸 시간을 떠올리며 쓴 『죽음의 수용소에서Man's Search for Meaning』를 읽어보기를 강력히 추천한다. 전쟁 이전에 정신과 의사였던 프랭클은 단련된 정신으로 수용소의 잔혹 행위들을 견뎌냈다. 사람의 정신과 태도가 얼마나 훌륭하고 강력한지를 보여주는 책이다.

엄밀히 말하면 프랭클은 스토아 철학자는 아니었지만, 그의 행동은 스토아 철학자들의 행동과 매우 흡사하다. 프랭클이 통제할 수 있었던 단 한 가지는 생지옥을 대하는 자신의 반응이었다. 책에서 그는 다른 포로들이 어떻게 수용소의 과도한 스트레스를 견뎌 냈고, 이를 적절히 잘 활용하면 사람의 마음이 얼마나 강해질 수 있는지 말해 준다. 이 남자의 이야기와 그의 놀랍도록 확고한 마음가짐에서 배울 수 있는 건 무척이나 많다.

이런 끔찍한 일들을 어떻게 견디는지 이해하는 데서 '회복탄력성'을 배울 수 있다. 이런 종류의 공포를 겪어야 하는 상황은 거의 없겠지만(절대 없기를 바란다) 우리에게 닥칠지도 모르는 재앙에 대비하는 일은 합리적인 보험을 들어두는 거나 다름없다. 이 책에 나오는 어떤 도전 과제도 이 정도의 정신력을 요구하지는 않지만, 사람들이 어려운 시기를 어떻게 극복하는지 이해하면 정신력을 키우고 영감을 얻는 데 도움이 될 것이다.

스토아 철학은 탐구해 볼 가치가 있는 위대한 철학이며, 사고방식을 전환하고 불안에 대처하는 데 굉장히 효과가 있다고 생각한다. 지금까지 스토아 철학을 수박 겉핥기식으로 살펴보았을 뿐이지만, 여러분의 입맛을 자극했기를 바란다.

　스토아 철학을 보내주기 전에 시도해 볼 수 있는 실용적인 팁 두 가지를 남겨 놓겠다. 여러분을 시험하는 도전 과제와 맞닥뜨릴 때 이 두 가지를 명심하라. 삶에서 역경과 고난을 마주할 때나 잼 바른 토스트를 떨어뜨렸을 때도 유용하게 쓰일 것이다.

스토아 철학의 짧은 팁

—

1. 반응하기 마음처럼 되지 않는 외부 사건을 대하는 자신의 반응을 통제하고 검토해 보라. 혼란스러운 삶에 스토아 철학의 황금 법칙을 적용해 보고, 통제할 수 없는 것들을 향한 자신의 반응을 자각할 수 있는지 확인해 보라. 쉽지 않겠지만 이로써 내 삶의 주인이 될 수 있다. 에픽테토스가 여러분에게 돌격하듯 다가와 진지하게 격려 연설을 해 주었다고 생각해 보라. 이제 자신이 무엇을 할 수 없는지보다 **무엇을 할 수 있는지에 집중**하라. 이것이 스토아 철학의 보물이다!

2. 일기 쓰기 자아 인식self-awareness 능력을 발전시키고 회복탄력성을 높이려면 진행 상황을 추적하는 일이 중요하다. 실용적인 방식으로 실행할 수 있는 게 일기 쓰기다. 그날그날 무엇이 잘되었고 무엇이 잘되지 않는지 써라. 외부 사건들에 어떻게 반응

했었는지 탐구하고 반성하는 시간을 보내라. 여러분에게 닥친 모든 일에 스토아 철학의 황금 법칙을 적용하는 시도를 해 보고 이를 기록하라.

아우렐리우스의 저서 『명상록』은 본질적으로 삶의 장애물을 대하는 자신의 감정과 반응을 계속 추적하는 일을 가능케 한 자기반성 일기이다. 우리도 이를 모방해, 자리에 앉아 규칙적으로 우리 생각을 써볼 것이다. 이 연습에는 엄청나게 강력한 무언가가 있다. 시도해 보고 무슨 일이 일어나는지 확인해 보라.

불교

불교는 약 2500년 전 인도에서 시작되어 중국, 한국, 동남아시아, 일본으로 퍼져 나갔으며, 그 과정에서 많은 측면이 여러 종파로 진화하였다. 관례에도 매우 다양한 의식과 사상이 있다. 저울의 한쪽 끝에는 시신을 돌로 잘게 짓이겨 산에 뿌리는 티베트의 하늘 장례가 있고, 다른 한쪽에는 본질적으로 논리를 거스르는 수수께끼인 선종의 '화두話頭*'가 있다.

'한 손으로 손뼉을 치면 어떤 소리가 나는가?', '태어나기 전 본래 얼굴은 무엇인가?'와 같은 화두들은 그런 질문을 받아본 적 없는 사람들에게는 몹시 혼란스러울 수 있다. 솔직히 받아본 적이 있어도 혼란스럽다. 어찌 보면 그게 핵심이다. 우리는 다양한 사상을 접하지만 철학의 기본과 불교 사상의 핵심은 우리가 역경에 대처할 때 대단히 유용하다. 불교의 마음챙김mindfulness도 크게 강조되며, 명상에서 되풀이되는 주제는 특히 흥미롭게 탐구해 볼 만하다.

참고로 말하자면, 여러분에게 불교 신자가 되라고 설득하려는 것은 아니다. 나도 불교 신자는 아니지만 불교 사상을 좋아한다. 나는 불교에서 떨어져 나와도 문제없을 그 사상들이 사회 각계각층의 사람들

---

* 화두: 원래는 말머리라는 뜻이지만 불교에서는 깨달음을 찾는 수행자에게 하는 질문

에게 이로움을 수리라 진심으로 믿는다. 여러분이 어떤 종교를 믿든지 간에(독실한 신자이건, 무신론자이건, 제다이교**를 믿건) 자신의 이익을 위해 불교의 철학을 활용할 수 있을 것이다. 여기서는 신비롭고 의식을 행하는 종교적인 면보다는 불교의 사상과 철학만 살펴볼 것이기에 철학으로서의 불교라고 하겠다.

불교는 많은 이가 철학자와 지도자, 현명한 원로로 여기는 싯다르타 가우타마Siddhartha Gautama의 통찰에 기반을 두고 있다. 그는 모두가 부처로 알고 있는 인물이다. 수년간의 자기반성 후에 이 남성은 인간이기에 따라오는 괴로움을 내려놓는 법을 알아냈다. 싯다르타는 이 지식과 지혜를 제자들에게 전하며 남은 생을 보냈다. 그가 남긴 사상들은 오랜 세월의 시험을 견뎌낸 뒤, 오늘날 '불교'라는 이름으로 전 세계에 걸쳐 약 50억 명이 믿는, 지구상에서 네 번째로 큰 종교가 되었다.

이 책에서는 회복탄력성을 이야기하면서 우리에게 가장 의미가 있다고 생각되는 불교 철학에 초점을 맞출 것이다. 불교가 전하는 황금 법칙을 하나 더 살펴보자.

> **불교의 황금 법칙: 마음이 괴로움의 근원이다.**

** 　제다이교: 영화 〈스타워즈〉에 나오는 제다이의 철학을 따르는 종교

만약 무언가가 기분 나쁘고 거기에 대처하는 데 어려움을 겪는다면 마음을 탓해야 한다. 우리가 모든 것을 어떻게 느끼는지는 마음에 달렸다. 우리는 아무것도 아닌 것에(감정이 격해진 그 순간에는 아무것도 아닌 것 같지 않겠지만) 쉽게 기분 나쁜 상황을 만들 수 있다. 우리 마음이 믿을 수 없을 정도로 강력하다는 점을 잊어서는 안 된다.

만약 마음이 고통을 만들어 낸다면, 그렇기에 고통도 경감시킬 수 있다는 것이 흥미롭다. 불교에는 정신적 괴로움을 극복하는 체계적인 방법이 있다. 사성제四聖諦*라고 불리는 이 방법은 불교 및 불교 철학 전체를 아우르는 핵심 체계다. 아래와 같은 형식이다.

1. 고통은 존재한다
2. 욕망은 고통의 근원이다
3. 고통은 경감될 수 있다
4. 균형 있는 삶을 살고 열심히 노력하면 괴로움을 이겨낼 수 있다

좀 더 자세히 설명해 보겠다.

'사성제'의 첫 번째 진리는 **존재에는 고통이 따른다**고 말한다. 살면서 우리는 여러 가지 다른 방법으로 고통을 경험할 것이다. 삶은 고통이다. 이 '고통'은 지나간 대화를 자꾸 곱씹는 일부터 실재하는 신체의 불편

---

* 　사성제: 사제라고도 하며 고苦, 집集, 멸滅, 도道, 네 가지 진리를 담고 있다

함에 대처하는 일까지, 여러 가지 다른 형태로 나타날 수 있다. 직장에서 웃기지 않는 농담을 했는데 그게 웃겼는지 안 웃겼는지 분석하느라 하루를 보냈다면 이게 바로 고통이다. 고통이 항상 압정을 밟은 정도의 아픔일 필요는 없다.

두 번째 진리는 **왜 우리가 고통받는지를 탐구**한다. 우리가 고통받는 가장 큰 원인은 '욕망' 때문이다. 욕망은 더 나아가 우리 문제의 원인인 열망과 탐욕, 무지로 나눌 수 있다. 물질적인 대상이나 상황이 다르길 바라는 열망은 커다란 문제를 일으킬 수도 있다. 사실 대상이나 상황을 있는 그대로 받아들이지 않으면 - 불교에서는 종종 무지라고 부른다 - 아주 심각한 문제가 일어날 수 있다. 이 두 번째 진리의 양상이 나에게는 특히 흥미로웠다. 우리 마음은 너무 강력해서 우리는 종종 정말로 그렇지 않은 일들에 '불쾌'나 '처참', '끔찍'이라는 꼬리표를 붙여 필요 이상으로 안 좋아 보이게 만든다. 마음은 우리 최대의 적이어서 상황을 필요 이상으로 훨씬 더 비참하게 만들 수 있다. 부정적인 것에 초점을 맞추면 고통은 커지고 삶은 힘들어진다.

나는 아주 긴 시간을 사소한 일들을 걱정하는 데 허비했고, 많은 경우에 필요 이상의 고통을 불러일으켰다. 완전히 쓸데없는 일을 자초한 것이다. 그 완벽한 예시가 교통 체증에 시달리는 상황이다. 예전에 나는 교통 체증을 겪을 때면 머릿속으로 그 문제를 곱씹으며 필요 이상으로 훨씬 더한 고통을 불러일으켰다. 지금은 그 상황을 훨씬 더 잘 견디고 욕도 훨씬 덜 한다(나와 함께 차에 타고 있는 누군가에게는 정말 다행이다). 불교적 접근법 덕분에 흥분한 자신을 알아차리기 시작하면 심호흡을 하며 더 현재에 집중하려고 노력한다. 이는 나중에 좀 더 살펴보자.

세 번째 진리는 **고통도 이겨낼 수 있다**는 점을 강조한다. 어둠 속에 희망이 있듯 우리 삶에도 고통에서 해방될 방법이 있다. 꽤 좋은 소식이지 않은가? 나에게 깨달음은 인생의 주도권을 되찾기 위해 할 수 있는 일들을 모두 알아차리기 시작하면서 찾아왔다. 이 진리는 불쾌한 상황에 처했을 때 할 수 있는 게 있다는 사실을 보여 준다. 컴퓨터는 고장났지만 방금 수리공이 고칠 수 있다고 말했다. 좋았어, 어떻게 고칠까?

네 번째이자 마지막 진리는 **고통을 극복하기 위해 가야 하는 길**의 윤곽을 보여 준다. 이는 해결책 또는 치료법이자 일련의 실용적인 단계를 제시한다. 이 단계들을 '팔정도八正道*'라고 하며 우리에게 '깨달음'이나 고통으로부터 자유로워지는 다양한 방법을 알려준다. 이는 본래 균형 있는 삶을 살기 위해 따라야 하는 일련의 지침이다. 우리가 다른 이들에게 말하는 방식, 생각하고 세상을 바라보는 방식, 우리의 행위 같은 모두를 '팔정도'는 자세히 담고 있다. 이는 또한 명상과 현재에 머무르기의 중요성을 강조한다. 명상을 하면 현재에 집중하면서 주위의 감각

---

*   팔정도: 깨달음의 경지에 오르기 위해 수행해야 하는 여덟 가지 덕목

을 알아차리게 된다. 그 감각에 어떤 방식으로도 꼬리표를 붙이지 않고 있는 그대로 경험하다 보면 우리는 현실의 다른 면 – 순수한 경험이자 감각 – 을 보게 된다. 상황은 그렇게 나쁘지 않다. 문제를 불러일으키는 듯 보이는 일에 우리가 붙인 꼬리표일 뿐이다. 과거나 미래에 초점을 맞추지 않고 현재를 살면 우리는 진정으로 지금 일어나고 있는 일을 경험할 수 있다.

내가 보기에 '팔정도'의 핵심은 균형을 찾아내는 것이다. 균형 있는 삶을 살고 '중도中道**'를 찾는 데 집중하면 우리는 더 나은 존재를 경험할 수 있다. 과소비하지 않고, 과식하지 않고, 사회적이고 창조적인 목표를 가지고 운동하면서 건강한 생활 양식을 찾는 것 등이 대단히 중요하다. 균형을 찾는 일이 우선이다. 이 단계를 밟아가면서 현재에 머무는 마음을 키우면 우리는 '깨우침'을 경험할 수 있다.

불교에서는 '깨우침'에 대해 자주 언급하며, 이것이 불교의 궁극적인 목표라고 말한다. 이 말에는 숨은 뜻이 있는데, 나는 이 말을 처음 들었을 때 초자연적인 무아지경에 이른, 모든 답을 아는 누군가를 떠올렸다. 하지만 지금 내가 그리는 모습은 매우 다르다. 이 개념의 핵심은 **삶의 괴로움을 내려놓고, 있는 그대로를 받아들이는 경지에 이르는 것**이라 느낀

** 중도: 어디에도 치우치지 않은 올바른 길

다. 어떤 상황에 처하든, 그게 정말 끔찍한 상황일지라도 그 상황을 감수할 수 있다면 이것이 '깨우친' 마음가짐이다.

여러분이 이 마음가짐을 받아들이는 데 얼마나 성공했는지는 이 철학에 담긴 사상들에 얼마나 집중하기로 했는지에 따라 결정된다. 이 마음가짐을 가지거나, 최소한 가지려고 시도하면서 나는 특히 많은 도움을 받았다.

연꽃은 불교에서 '깨우침'을 상징한다. 연꽃은 진흙탕에서 자라나, 탁한 흙탕물 속에서도 이렇게 아름다운 꽃이 피어날 수 있다는 사실을 보여 준다. 다시 말해 희망을 잃은 듯 힘겨운 상황에서도 아름다움과 삶은 성장할 수 있다. '역경을 이겨내는 힘'을 양분으로 삼아서 말이다. 연꽃은 이 책에서 다루는 도전 과제가 바로 무엇을 목표로 하는지를 나타내는 상징으로 사용된다. 우리는 역경을 통해 발전하고 어려운 상황을 더 잘 헤쳐 나가도록 노력하게 될 것이다.

스스로 어떻게 '고통'을 불러일으키는지 자각하는 건 대단히 중요하다. 이를 인식함으로써, 우리는 처음에 고통을 일으키는 행동과 상황을 변화시키는 첫걸음을 내디딜 수 있다.

불교와 스토아 철학이 특정 분야에서 얼마나 유사한지 비교하는 것은 대단히 흥미롭다. 우리가 경험하는 일을 어떻게 해석하는지 보면 특히 두드러진다. 마음은 조그만 흙더미를 산으로 만들 수도 있고, 산을 조그만 흙더미로 만들 수도 있다. 수천 킬로미터나 떨어져 있었지만, 각 철학의 창시자들은 우리가 느끼는 고통의 양상을 들여다보며 비슷한 결론에 도달했다.

불교는 거대한 연구 과제여서 안타깝게도 수박 겉핥기식으로밖에 보여주지 못했지만, 이 철학의 개념이 어떻게 활용될 수 있는지 충분히 강조되었기를 바란다. 불교 사상에서 배워갈 위대한 팁과 요령은 아주 많지만, 여기서는 내가 꼽은 두 가지만 알려주겠다. 이 두 가지를 직접 시험해 보고, 이 사상들을 이리저리 바꿔보는 발판으로 이 책에 나오는 도전 과제들을 활용해 보면 좋을 것이다.

불교의 짧은 팁

—

1. 호흡 훌륭한 승려 제이 셰티Jay Shetty*에 따르면 승가학교에서 가르치는 첫 번째가 호흡이라고 한다. 깊게, 의식하며 호흡하는 법을 배우면 삶에 엄청난 영향을 끼칠 수 있다. 두려운 일을 해야 한다면 깊게 호흡하라. 이건 아주 기본일 수 있다. 나는 이 프로젝트에서 두려움을 마주할 때면 항상 이렇게 했다. 제대로 자리 잡

---

* 제이 셰티: 전직 승려이자 마음챙김 코치, 첫 저서 『수도자처럼 생각하기Think like a monk』로 베스트셀러 작가 반열에 올랐다

은 깊은 호흡은 엄청난 힘을 발휘한다. 단순하지만 대단히 효과적이다. 다음 단계로 가려면 명상을 탐구해 보는 것도 좋다.

2. 덧없음 불교에서 또 다른 거대한 개념은 '흐름'과 '덧없음'으로, 모든 것은 변하는 상태라고 주장한다. **어떤 것도 그대로 머물지 않는다.** 이를 받아들이는 일이 어떤 것에 품은 애착에서 오는 괴로움을 없애는 유일한 방법이다. 변화를 받아들이는 것은 기본이고, 최악의 절망적인 상황도 결국에는 변하리라는 사실이 꼭 명심해야 할 교훈이다. 이 개념은 내가 불안을 극복하려 노력하기 시작했을 때 아주 유용했다. 이런 기분과 감정이 변하리라는 걸 알게 되면서 나는 그것에 너무 큰 무게를 싣지 않을 수 있었다. 내 삶에서 변화를 받아들이고 아우르는 일이 성장을 도와준 강력한 도구였다. 고통이 변하리라는 걸 알고 난 후에는 더 힘든 신체적 도전을 이겨내는 데 도움을 받았고, 좀 더 건설적인 방식으로 불편함을 받아들이게 되었다. 고통은 항상 지나가는 일시적인 양상을 띤다. 그 일시성을 받아들이는 연습을 하면 매우 큰 도움이 된다.

인지행동치료CBT

인지행동치료, CBT는 어떤 상황에 관해 생각하는 방식을 재구성하도록 도움을 주는 치료법이다. 불안을 경험하거나 공포증이나 우울증을 경감시키려 할 때 의사가 가장 먼저 추천하는 치료가 CBT일 것이다. 이 치료법은 다양한 정신 건강 문제를 다루는 데 쓰일 수 있다. 내가 처음 불안증으로 상담을 받으러 갔을 때 권유받은 치료법이기도 하다. 환자는 자신이 겪고 있는 특수한 문제들을 처리하기 위해 인지행동치료사와 여러 차례 상담을 받게 된다. 그 과정의 마지막에서 환자는 그 문제들과 싸우는 데 활용할 여러 가지 대처 기제를 얻는데, 이는 매우 빠르고 효과적이다.

CBT는 1950년대에서 1960년대에 걸쳐 점진적으로 발전했고, 그 시기의 다양한 행동 치료와 대중심리학의 결합 및 진화의 산물이다. 실용적인 본질과 비교적 빠른 결과로 인기를 끌면서 많은 문제를 치료하는 '믿을 만한' 치료법이 되었다.

CBT와 스토아 철학은 매우 유사하다. 두 가지를 비교해 보면 CBT가 스토아 철학을 어깨너머로 보고 그 답들을 가져왔다는 사실이 확실히 보일 것이다.

CBT의 핵심 개념을 들여다보자.

> **CBT의 황금 법칙: 생각하는 방식을 바꾸면 느끼는 방식이 바뀐다.**

　CBT의 주요 개념은 우리가 무언가를 보는 방식을 자각하는 데 바탕을 둔다. 머릿속으로 상황을 바라보는 방식이 행동을 결정하고 행동이 실제로 느끼는 방식에 영향을 줄 수 있다. 생각의 패턴과 행동을 자각하게 되면 되풀이되는 부정적인 패턴을 바꾸는 시도를 할 수 있다. 그러면 경험하는 모든 것에 훨씬 나은 기분을 느낄 것이다. 우리는 그저 상황을 재구성하기만 하면 된다.

　CBT는 여러분의 생각을 바꾸는 데 도움을 주는 두 단계로 명료하게 나누어져 있다.

　　1단계: 생각하고 있음을 자각하라
　　2단계: 생각에 맞서는 논리를 활용하라

　이 두 단계를 확장해 보겠다.

1단계: 생각하고 있음을 자각하라

　무언가를 바꾸려는 첫 단계는 무언가가 바뀌어야 한다고 알아차리는 일이다. 무언가에 대해 생각하는 방식을 자각하면 흥미로운 사실이 드러날 수 있다. 여러분은 어쩌면 자신이 생각하는 것보다 더 부정적일 수도 있다. 나는 확실히 그랬다. 급성 불안을 경험하기 전까지 나는 내 생각이 얼마나 부정적인지 전혀 알지 못했다. 부정적으로 생각하는 것은 정상이다. 우리 모두 그걸 경험한다. 사람이기에 자연스러운 일이다.

하지만 문제는 부정적인 생각을 무시하기가 꽤 어렵다는 것이다. 생각하지 않으려 할수록 생각은 더 강해진다. 한번 실험을 해 보자. 코끼리가 노란색 수영복 바지를 입고 있다고 상상해 보라. 코끼리는 우스꽝스러워 보이고 수영복 바지는 꽉 낀다. 코끼리는 코로 생일 축하 노래를 불러보려다가 비참하게 실패한다. 이상하게 끽끽 대는 소리만 나올 뿐이다. 이제 생각을 멈추고 그 생각을 하지 않도록 해 보자. 10초 쉬고, 노란 수영복 바지를 입은 코끼리 생각을 멈출 수 있는지 해 보자. 머릿속에서 그 생각을 떨쳐내기란 어렵다. 부정적인 생각도 마찬가지다.

부정적인 생각은 흥미롭게도 할머니가 손수 짜주신 스웨터에서 빠진 올과 같다. 그걸 잡아당기기 시작하면 스웨터의 실이 풀려나올 것이고 여러분은 왜 그렇게 됐는지 한참을 설명해야 할 것이다. 부정적인 생각을 잡아당기고 집중할수록 그 생각은 더 강해진다. 목표는 불에 기름을 붓지 않는 것이다. 하지만 그러기 위해서는 부정적인 생각을 인정하고 그 생각을 똑바로 봐야 한다.

이것이 중요한 이유는 그렇게 해야 다음 2단계에서 부정적인 생각에 맞설 수 있기 때문이다. 부정적인 생각은 항상 존재한다. 문제는 그 생각에 얼마나 무게를 두는지이다. 예를 들어 밖에서 친구와 만나고 있는데 갑자기 현관문을 잠그지 않았을지도 모른다는 생각이 들면, 나에게는 두 가지 선택권이 생긴다. 이 부정적인 생각을 내려놓고 실제로 그런 일이 일어났다는 데 무게를 두지 않고 저녁을 보낸다(합리적인 선택이다). 아니면 그 생각에 사로잡혀 주의가 산만해져서 저녁 모임을 즐기지 못한다. 심지어는 할 수 없이 자리에서 일찍 일어나 집에 가서 확인해야 할지도 모른다. 부정적인 생각이 잠재적으로 일으킬 수 있는 일이다. 그러므로 부정적인 생각이 불쑥 일어날 때 그걸 알아차리는 일은 매우 중요하다. 그렇게 알아차릴 때 2단계의 방법을 써서 그 생각에 대처해야 한다.

여러분이 이 책에 있는 도전 과제들과 싸울 때 부정적인 생각과 맞닥뜨릴 거라고 보증한다. 어떤 것은 '터무니없다'라거나 '너무 어렵다'라고 생각될지도 모른다. 실제로 도전 과제를 마치거나 건너뛰는 사이의 다른 점은 이런 부정적인 생각에 얼마나 무게를 두는가에 달렸다. 그래서 그러한 생각이 고개를 들 때를 대비해 반드시 잘 살펴야 한다.

어떤 일이 일어나기도 전에 부정적인 감정이 들 수도 있다. 바로 이것이 미래에 일어날 일을 느끼는 방식에 영향을 주는, 인식과 생각 패턴의 전형적인 예시다. 객관성을 유지하거나 적어도 유지하려고 시도한다면 세상을 조금은 다르게 볼 수 있다. 이런 태도는 이 책에 나오는 특히 힘들고 낯설게 보이는 도전 과제를 완수할 때 유용할 것이다.

2단계: 생각에 맞서는 논리를 활용하라

두 번째 단계는 부정적인 생각을 논리적으로 판단하는 것을 목표로 한다. 부정적인 생각이 현실에 근거를 두었는지에 물음표를 던져보면 여러분이 사로잡혀 있던 그 상황은 사라지기 시작할 것이다. 충분히 의문을 품는다면 부정적인 생각은 힘을 잃는다. 이렇게 꾸준히 하다 보면 결국 아주 잘하게 되어 그 과정이 자동으로 진행된다. 다음번에 부정적인 생각이 떠올라도, 그 생각이 논리적인 질문 공세에는 버티지 못한다는 사실을 알기에 거기에 어떤 무게도 싣지 않을 것이다.

논리를 활용하고 추론해서 무언가에 대한 견해를 바꾸는 것은 문제의 근원에 다다르는 아주 좋은 방법이다. 예를 들어 나는 치과에 가는 걸 말도 안 되게 무서워한다. 치과에 가는 게 나에게 정말 그렇게 나쁜 경험인가? 아니다. 치과에 가면 치명적인 일이 일어나나? 아니다. 아플까? 결과적으로 보면 전혀 그렇지 않다. 기절하게 될까? 아마도 아닐 것이다. 그럼, 치과에 가는 게 왜 무서울까?

이렇게 논리적이고 합리적인 자기 대화를 활용해 내면의 저항을 통제하기 시작하면 치과에 가는 과정에 관한 인식을 바꿀 수 있다. 이 같은 각본을 활용해 나는 이 두려움과 싸워 이겨냈다. 실제로 하는 게 말처럼 쉽지는 않지만, 무슨 의미인지 이해했기를 바란다. 어떤 것들에는 질문을 정말 많이 해야 할 수도 있으니 명심하라.

또 다른 예시를 보자. 스페인의 해변으로 가족 휴가를 떠나기 전날 영화 〈조스〉를 봤다고 가정해 보자. 바보 같은 짓 아닌가? 하룻밤 새, 바다에 대한 두려움이 커져 바닷물에 발가락도 담그지 못할 것이다. 하지만 더 나쁜 건 딸아이도 물에 들어가지 않았으면 한다는 거다. '왜 그런 멍청한 영화를 본 거지?' 자신에게 묻는다. 불안에 가득 차서 상어 생각을 떨쳐낼 수가 없다. 꿈속에 상어가 나타나고 상어로부터 도망칠 수 없다. 다행히 어디선가 CBT가 어떻게 이런 종류의 문제를 극복하도록 돕는지 읽었던 게 떠오른다. 거슬리는 생각을 처리하는 과정을 찾아보고 메모한다. 상어에 대한 집착을 의식하면서 이러한 생각이 모두 부정적이며 이를 해결해야 한다는 사실을 인정하게 된다. 논리와 추론은 이런 사악한 사고의 순환을 끊어내도록 돕기 위해 이런 부정적인 생각에 질문을 던지기 시작한다. 주머니에서 휴대폰을 꺼내 재빨리 스페인 남부 해안에 상어가 있는지 검색해 본다. 드물게 목격되기는 하지만 상어 출몰 지역과는 전혀 상관이 없다. 상어가 출현할 확률이 매우 낮은 것이다. 증거를 보고 자신에게 유리한 압도적인 확률에 집중한다. 이제 물에 들어가기로 결심하고 허리 깊이까지 들어간다. 부정적인 생각이 다시 고개를 쳐든다. 그 생각을 정면으로 마주하고 다시 생각을 정리한다. 말 그대로 그저 상어가 나오는 영화를 봤을 뿐이고, 그래서 생각이 나는 거라는 사실에 집중한다. 부정적인 생각이 들 때마다 논리와 긍정으로 그 생각에 반박한다. 결국 상어에 대한 집착을 끊어내고 물속에서 편안해지기 시작한다. 축하한다! 여러분은 방금 CBT를 활용해 부정적인 생각에 대응했다.

바로 이 방식을 활용해 이 책에 나오는 도전 과제들과 맞붙을 수 있으며, 논리와 긍정을 활용해 자신이 직면한 정신적 저항에 반발하기를 강력히 권한다. 여러분을 밀어붙이는 도전 과제들이 있을 것이다. 정신적, 육체적으로 힘든 과제들도 있을 것이다. 하지 않을 과제들도 있을 것이다. 이럴 때면 가끔 부정적인 사고가 이기도록 놔두기 쉽지만, 이때 CBT가 어떻게 부정적인 생각을 밀어내도록 도울 수 있는지 기억해야 한다.

부정적인 생각에 질문을 던지고 진행 상황을 추적하는 데 도움을 주기 위해, 인지행동치료사들은 종종 자기 분석적 사고방식을 발전시키는 좋은 방법으로 일기를 추천한다. 전에 어디선가 본 듯한가? 맞다, 아우렐리우스의 『명상록』이다. 일기는 모든 걸 기록하고 자신의 사고를 인식하는 데 도움이 되는 실용적인 방법이다.

실제로 일기를 통해 생각하는 방식을 바꾸는 데는 시간이 오래 걸릴 수 있지만 불가능한 것은 아니다. 처음에는 힘들지도 모르지만, 연습과 끊임없는 노력으로 세상을 주관적이지 않고 객관적으로 보는 체계로 발전시킬 수 있다.

CBT가 우리 삶에 가져오는 지혜에서 이익을 얻고자 불안이나 공포증, 우울증으로 고통받을 필요는 없다. 이 치료법의 핵심 원리를 이해하려고 심리치료사와 상담받지 않아도 된다. CBT에 대해 읽으면 어려움에 직면할 때 활용할 수 있는 요령의 범위가 확장될 것이다.

CBT가 그리스 철학이나 불교보다 더 매력적으로 다가올 수도 있다. 같은 목적지에 다다를 길은 많아서 자신을 연관시킬 수 있는 관점을 찾는 게 중요하다. 스토아 철학과 불교, CBT가 비슷하긴 하지만, 글로 쓰인 방식과 현대 사회에 어떻게 활용되는지는 매우 다르다. 이들을 탐구하는 것은 자신에게 맞는 관점을 찾는 좋은 방법이다.

실용적인 두 가지 조언을 아래에 남기겠다. 마음껏 즐겨라.

인지행동치료의 짧은 팁

—

1. 사고에 맞서 싸워라 마음에 떠오른 부정적인 생각을 의식하는 데서 시작하라. 그러한 생각과 맞닥뜨릴 때 논리로 후려쳐라. 앞서 언급한 1단계와 2단계를 참고하여 활용하라. 결국 이런 사고 방식이 자연스러워질 것이다.

2. 긍정 강력한 내면의 대화는 진정으로 삶을 바꿀 수 있다. 어려움에 직면할 때 반복할 수 있는 몇 가지 구절을 정해놓으면 큰 도움이 된다. '할 수 있어'나 '해내겠어' 같은 말을 머릿속으로 반복해서 되뇌는 것은 만트라* 같은 역할을 한다. 이렇게 하면 긍정적인 것에 집중하고 태도를 바꾸는 데 도움이 된다.

---

* 만트라: 기도나 명상할 때 되뇌는 말이나 소리

도전에 본격적으로 착수하기에 앞서 마지막으로 살펴볼 것은 힘을 북돋는 마음가짐을 기르는 사고다.

정신력을 기르는 방법을 공부하면서 나는 『마인드셋 Mindset』이라는 훌륭한 책을 발견했다. 캐럴 드웩 박사는 더 강한 사고방식을 발달시키는 방법에 관해 눈에 띄는 연구 결과를 냈다. 이 책은 사람들이 일반적으로 두 가지 사고방식 중 하나를 가지고 있다고 가정하며, 더 긍정적인 사고방식을 선택하고 이를 키워 나가면 어려움과 도전에 직면했을 때 더 나은 삶을 살 수 있다고 강조한다. 이 개념은 학교에서 선생님들이 학업에 접근할 때 올바른 마음가짐을 받아들이라며 학생들을 격려하면서 큰 인기를 끌게 되었다.

> 마인드셋의 황금 법칙: 고정 마인드셋 Fixed Mindset과 성장 마인드셋 Growth Mindset의 두 가지 마음가짐이 존재한다.

첫 번째 마음가짐은 '고정 마인드셋'이다. 모든 것이 이미 정해져 있다고 믿는 태도다. 지금 할 수 없다면 앞으로도 절대 할 수 없다. 이 태도를 지닌 사람들은 종종 어려움을 피하려고 그만둬 버린다. 고정 마인드셋은 새로운 생각을 받아들이지 않는 태도를 의미한다. 고정 마인드셋을 지닌 이러한 유형의 사람들은 자신의 견해를 바꾸려 하지 않고 자신이 가장 잘 안다고 생각한다. 오만하다고? 그렇다. 고집이 세다고? 맞다.

그래서 고정 마인드셋의 사람은 피자를 정해진 곳에서만 주문한다. 다른 피자집에서 맛있는 피자를 만들 가능성은 선택지에 없다.

고정 마인드셋의 사람들은 이런 말을 한다. "아니, 목요일 밤에 쓰레기통을 내놓을 수는 없어. 금요일 아침이 아니면 안 돼!" 또는 "나는 절대 외발자전거를 탈 수 없어. 광대가 되는 꿈은 끝장났어."

이러한 부정적인 접근은 진정으로 누군가의 가능성에 한계를 부여할 수 있다. 항상 '불가능해', '할 수 없어', '너무 어려워' 같은 말을 사용하는 이런 사람들은 자신을 '현실주의자'라고 생각할지도 모르지만, 패배를 인정하고 어떤 일이 일어나기도 전에 지나치게 부정적인 태도를 취하는 건 현실적인 게 아니다. 고정 마인드셋은 어떤 것들은 시도할 가치조차 없다고 결정해 버린다.

"X도 못하면서 어떻게 Y를 할 수 있다고 생각해?"

아는 사람에게서 이런 태도가 보이는가? 자신에게서 보이는가?

두 번째 마음가짐은 '성장 마인드셋'이다. 이 태도의 가장 중요한 양상은 계속 시도하는 것이다. 어려워도 그만두지 않는다. 초점은 반드시 결과에 있는 게 아니라 쏟아부은 노력의 양에 있다. 최선을 다하면 그 과정에서 배우는 게 있고, 그게 진보의 열쇠다. 이 마음가짐에서 배울 것은 모든 것에서, 특히 어려움에서 교훈을 찾고 이해하는 것이다.

성장 마인드셋의 사람들은 도전을 즐긴다. 자신이 만든 가스파초[*]가 땀에 젖은 겨드랑이와 썩은 오이 같은 맛이 난다고 해도 신경 쓰지 않는다. 그저 가스파초를 스스로 처음부터 만들었다는 데 만족할 뿐이다. 더 나은 결과를 바라며 빨리 다시 만들어보고 싶어 한다. 수프가 더 맛있어지기를 바라고 요리가 어려웠다는 점을 즐긴다.

성장 마인드셋의 사람들은 힘든 일을 두고 이렇게 말한다. "어디 덤벼봐!" 자신이 가진 모든 것을 쏟아부으면서 실수에는 신경 쓰지 않는다. 사실 그들은 실수하기를 바란다. 실수에서 가치 있는 교훈을 얻을 수 있기 때문이다. "시험을 망치면 어때? 난 그 과정에서 많은 걸 배웠어."

그들은 항상 새로운 것을 기꺼이 시도하고 더 나아질 방법을 찾을 것이다. 패들보드를 얼마나 잘 탈지는 신경 쓰지 않는다. 그저 타볼 준비만 되어 있으면 된다. 생소한 음식을 먹어보고, 새로운 곳에 가보고, 헬스장에서 쓰러지기 직전까지 자신을 밀어붙이고 싶어 한다. 더 나은 자신이 되려고 열심히 노력한다. 끊임없이.

이 두 가지 마음가짐 중 어느 쪽을 받아들여야 더 힘을 얻게 될지는 꽤 분명하다. 성장 마인드셋을 기른다면 대단히 도움이 될 것이다.

어떤 사람들은 고정 마인드셋을 받아들일 것이고, 어떤 사람들은

---

* 가스파초: 토마토, 오이, 양파 등을 올리브유와 섞어 차게 먹는 수프

성장 마인드셋을 받아들일 것이다. 이게 인생이다. 자연스럽게 기우는 마음가짐은 우리 통제 밖의 수많은 요인에 따라 결정될 것이다. 유전, 어린 시절의 경험, 선생님, 부모님, 굴욕적인 사건, 환경, 문화적 영향 등 수없이 많다. 자연스럽게 기우는 쪽이 고정 마인드셋이라도, 이를 바꿀 수 있다는 사실을 아는 것이 중요하다. 태도는 바뀔 수 있다. 여러분이 CBT 부분을 집중해서 봤다면, 이런 변화를 끌어내기 위해 어떻게 논리를 활용하면 되는지 이해했을 것이다.

주목할 점은 실제로 삶의 아주 다양한 영역에서 고정 마인드셋과 성장 마인드셋, 두 가지 모두를 지닐 수 있다는 사실이다. 직장에서는 성장 마인드셋을, 운동에 관해서라면 고정 마인드셋을 가질지도 모른다. 언어를 배우는 데는 형편없다고 느낄 수도 있지만(고정 마인드셋) 재봉 실력을 향상하고 싶어 할 수도 있다(성장 마인드셋). 이는 중요한 사실이고, 삶의 한 영역에 고정 마인드셋을 지닌 사람도 모든 영역에 그렇지는 않을 수 있다는 걸 보여 준다.

자신이 어떤 영역에 고정 마인드셋으로 대응하고 어떤 영역에 성장 마인드셋으로 대응하는지 자각하는 일은 필수다. 자각은 어려움에 접근하는 방법을 바꾸는 첫 단계다. 내가 '마음가짐'을 파헤치고 싶었던 이유는, 마음가짐이 여러분이 곧 맞닥뜨릴 많은 도전과 깊은 관련이 있기 때문이다. 깊은 물에 던져진 상태, 초보인 상태, 불편한 상태는 자연스럽게 고정 마인드셋 반응을 불러온다. 그게 어떤 모습인지, 여러분에게 무엇을 할 수 있는지, 이런 태도가 얼마나 해를 끼치는지 인식하면, 이런 방식의 사고에 빠려 들어가기 시작할 때 알아차릴 수 있다.

나는 이 책에 있는 많은 도전 과제를 실행하면서 성장 마인드셋을 활용하기 시작했고, 모든 과정에서 훨씬 더 많은 것을 얻었다. 상황이 어려울 때 왜 어려운지 관심을 갖게 되었다. 어려운 이유를 더 깊이 들여다보고 어떻게 대처할지 전략을 세울 수 있었다.

이 개념은 정말로 더 탐구해 볼 가치가 있으며, 드웩 박사의 책은 아무리 추천해도 지나치지 않다. 이 개념을 발전시킨 온라인 영상도 아주 많다. 이 책에 나오는 도전 과제에 접근할 때 성장 마인드셋을 연습한다면 스스로에 대해 더 많이 배울 것이다.

마인드셋의 짧은 팁

—

1. 고정 마인드셋을 찾아내라 여러분의 삶에서 고정 마인드셋을 취한 영역을 찾아보기 시작하라. 다른 사람들도 살펴보고 고정 마인드셋이 얼마나 제한적일 수 있는지 주목하라. 그리고 이제 성장 마인드셋으로 바꿔보라. 말처럼 쉽지 않다는 건 알지만, 그걸 해냈을 때 생기는 차이는 경이로울 것이다.

2. 실수를 축하하라 상황이 잘못되어 잘 풀리지 않을 때 그 경험 전반에서 무엇을 배울 수 있는지에 집중하라. 항상 교훈을 찾고

실수할 때마다 축하하라. 다음에 접시를 깨거나 막 뜬 요거트 통을 바닥에 떨어뜨렸을 때 환호해도 좋다고 허락한다.

자, 이게 전부다. 여러분은 방금 철학과 심리학의 폭격을 당했지만, 다행히 살아남았다. 짧은 시간 동안 많은 것이 던져졌지만, 그중 일부는 여러분에게 공감을 불러일으켰기를 바란다. 스토아 철학, 불교, CBT, 마인드셋에서 나온 아이디어를 활용하면 진정으로 삶을 바꿀 수 있다. 이 개념들은 내 삶을 완전히 바꿔놓았다. 여러분에게도 똑같이 작용하기를 진심으로 바란다.

가능한 한 빨리 짧은 팁 몇 가지를 시도해 보기를 권한다. 이 유용한 도구는 도전 과제를 실행할 때 큰 도움이 될 것이다. 맞닥뜨린 어려움에 대처하고 이 실험 전체를 최대한 활용하는 방법도 가르쳐 줄 것이다. 자신에게 효과적인 방법이 있다면 삶의 다른 영역에도 적용해 보라. 예를 들어 두려움과 직면할 때 의식적인 호흡(불교의 짧은 팁)이 마음을 가라앉히는 데 도움이 된다면, 이를 '현실' 상황에 활용해 보라.

이제 다양한 수단과 요령으로 무장하고 어려운 상황과 맞붙을 준비가 되었으니 딱 한 가지가 남았다⋯. 도전 과제에 본격적으로 돌입해 컴포트존을 벗어나 두려움을 마주하고 회복탄력성을 강화하라!

도전 과제를
시작하기 전에

이 책에 있는 도전 과제는 매우 다양하다. 다양한 방식으로 자신을 시험하도록 설계되었다. 과제는 주관적이기도 해서 도전하는 사람에 따라 난이도가 달라질 것이다. 너무 쉽다고 느낄 수 있어 각 과제를 더 어렵게 만드는 방법을 실었지만, 너무 어렵게 보이면 수정해도 괜찮다. 실제로 해 보는 게 가장 중요하다.

도전 과제는 기술, 신체, 정신 세 분야로 나뉜다. 모두 다른 방식으로 여러분을 컴포트존 밖으로 밀어내도록 설계되었다.

기술 〰〰 새로운 것을 배우는 능력에 초점을 맞추어 실용적인 기술부터 재미있고 특이한 묘기까지 다양하게 실었다. 이런 유형의 도전은 기억력을 발달시키고 향상하며, 자신의 학습 방식을 이해하도록 도울 것이다. 몇몇 기술은 배우는 과정에서 좌절감과 짜증, 여러 다른 감정이 올라올 때가 당연히 있겠지만, 이는 여러분의 태도와 인내심을 시험하는 아주 좋은 방법이다. 기술을 익히는 데 쏟아야 하는 시간도 다양하다. 어떤 기술은 빨리 익힐 수 있지만 어떤 기술은 시간도 오래 걸리고 연습이 필요하다.

신체 〰〰 신체적 도전에 초점을 맞추었다. 이 분야의 도전 과제는 불편함의 한계점을 더 높이고 신체가 할 수 있는 것을 더 잘 이해하도록 도울 것이다. 신체의 조정력과 지구력, 의지력을 시험하는 새로운 운동이나 신체적 활동을 시도하게 될 것이다. 대부분의 도전 과제는 일종의 헌신을 필요로 한다. 도전 과제는 균형 잡히고 활동적인 생활 방식을 바탕으로 하며, 일부는 시간이 걸리는 특정한 훈련을 요구한다.

정신 〰〰 핵심은 두려움과 불편한 상황을 극복하는 것이다. 이는 정신력을 기르고 역경에 대처하는 전략을 시험하는 데 정말 도움이 될 것이다. 어떤 도전 과제는 너무 별나서 시작하려면 열린 마음이 필요하다. 여러분이 그 과제를 읽으면서 나에게 고함치는 소리가 들리는 것만 같다. 이 분야의 도전 과제는 일회성인 경우가 많고, 완수하는 데 어떤 사전 지식이나 훈련도 필요치 않다.

이 세 분야에는 다양한 크기의 도전 과제들이 있다. 어떤 도전은 순식간에 끝나고 어떤 도전은 오랜 시간에 걸쳐 꾸준히 이어가야 한다. 균형을 맞추기 위해 과제의 유형에 변화를 주었다.

'역경의 해' 동안 나는 내 도전 과제들에 변화를 주었다. 역대급 도전을 아주 많이 할 수는 없어서 어떤 장기 도전 과제를 해 보면 좋을지 고심했다. 결국 큰 도전 과제들을 먼저 고르고 주말이나 한두 시간 안에 끝낼 수 있는 짧은 도전 과제를 중간중간 끼워 넣었다. 그 균형을 찾기는 까다로웠지만, 더 큰 목표와 더불어 새롭고 특이한 일들을 끊임없이 시도하면서 다양한 방식으로 자신을 시험할 수 있었다. 이렇게 다른 과제들을 해 나가면서 내 마음가짐에 전반적으로 큰 도움을 받았고, 스스로 만들어 낸 다양한 어려움을 경험할 수 있었다. 큰 목표를 너무 많이 세우면 역효과가 날 수 있기에 시간을 적절히 관리하는 데도 도움이 되었다.

　　어떤 도전 과제에는 끌리지 않을 수도 있다. 과제를 읽고 어리석은 짓이라고 생각되거나, 너무 쉽거나 너무 어렵다고 생각될지도 모른다. 하지만 그렇게 생각하게 된 이유가 무엇인지 진심으로 의문을 품어보길 바란다. CBT를 떠올려보고 논리를 활용해 이 초기 반응에 대응해 보라. 도전 과제를 모두 자신을 발전시키는 방법으로 보도록 하라. 무언가가 의미 없게 느껴진다면 과제의 어떤 부분이 무의미해 보이는지 분해해 보라. 여기 있는 모든 아이디어는 배우고 실행하는 과정이다. 마음을 성장시키는 방법으로 스스로 도전하며 과제를 수행할 것이다. 늘 이런 관점으로 접근하면 자신과 관계없어 보이는 도전 과제에 덜 저항하게 될 것이다. 어떤 도전이 관계없어 보인다면 불편함을 연습할 훨씬 더 좋은 기회가 된다. 과제를 실행하는 데 저항할 테고, 그러니 도전은 훨씬 더 어려워질 것이다.

도전 과제의 짜임새

도전 과제는 총 11개 영역으로 나누어져 있다. 각 영역은 도전 과제와 실행 방법을 설명해 준다. 각 도전 과제의 영역은 다음과 같다.

부문 기술, 신체, 정신.

유형 장기(성취하려면 진지하게 임해야 하는 역대급 도전), 중기, 단기.

난이도 각 도전 과제에 가장 쉬운 단계인 1부터 가장 어려운 단계인 10까지 번호를 매겼다. 일반적인 난이도를 부여하려 노력했지만, 어떤 사람에게는 9가 다른 사람에게는 2일 수도 있다.

소요 시간 해당 도전 과제를 완수하는 데 필요한 대략적인 시간.

무엇을 정확히 어떤 과제인지 설명한다.

왜 이 특정한 과제를 끝내야 하는 이유를 설명한다(정신력을 높이는 게 주된 이유이고, 이는 모든 과제에 적용된다).

어떻게 여기서 그 방법을 간략히 알려줄 것이다.

더 어렵게 해당 도전 과제를 더 어렵게 만드는 법을 제안한다.

연구 해당 도전 과제와 관련해 연구해 볼 재미있는 것들을 추천한다. 책, 웹사이트, 잡지, 동호회, 비디오, 중요한 인물 등이 포함된다.

내 경험 해당 도전 과제와 그걸 어떻게 해냈는지에 관한 내 개인적인 이야기를 풀어냈다.

배운 점 해당 과제를 끝마치며 내가 배운 점을 살펴본다.

도전 과제 활용 방법

이 책에 나오는 도전 과제에 접근하는 방법은 무수히 많아서, 궁극적으로 어떤 방식이 자신에게 가장 적합한지 알아내야 한다. 어떤 접근법도 상관없다. 핵심은 언급된 여러 아이디어 중 일부를 실제로 시도해 보고 컴포트존에서 뛰쳐나오는 것이다.

이 책에 나오는 도전 과제를 확인할 때 눈에 띄는 과제들에 주의를 기울여라. 시도하고 싶은 과제와 시도하기 싫은 과제가 좋은 출발점이다. 주어진 도전 과제를 읽으면서 실행하고 싶은 과제를 적어라.

주어진 도전 과제에서 여러분에게 영감을 불러일으키는 큰 목표를 몇 가지 결정하는 것도 아주 좋은 시작점이 된다. 완수하는 데 오래 걸리는 '장기' 목표를 몇 가지 선택한 후, 남는 시간에 '단기' 과제를 추가할 수 있다. 이렇게 하면 꾸준히 과제를 완수할 수 있고, 시간이 있을 때 더 빨리 끝낼 수 있는 도전을 하면서 계속 새로움을 느낄 수 있다. 모든 것의 균형을 맞추는 일은 그 자체로 어려울 수도 있지만 재미있는 부분이기도 하다. 나는 일을 하면서 가족, 친구들과 건강한 관계를 유지하며 1년 조금 넘는 기간 동안 도전 과제를 모두 해냈다. 흐름에 몸을 맡기고 자기 계발을 최우선 과제로 삼자, 시간이 지나면서 확실히 쉬워졌다.

정해진 시간 안에 모두 해야 한다는 부담감은 가질 필요 없다. 어떤 과제를 해야 할지 고민된다면 친한 친구에게 도전 과제 몇 가지를 골라달라고 부탁하는 건 어떨까? 다른 사람에게 그런 책임을 부여하고 싶지 않다면, 운명에 맡겨보는 것도 좋다. 눈을 감고 책을 무작위로 펼쳐 처음 나온 도전 과제를 해 보라. 이렇게 하면 과제를 고르느라 고심할 필요도 없고 의외의 재미도 느낄 수 있다.

실제로 이 책에 나온 도전 과제를 실천할 때 활용할 수 있는 방법은 아주 많다. 어떤 사람들은 도전 과제를 전부 완수하려 하겠지만, 어떤 사람들은 몇 가지만 골라 실행해 볼 것이다. 중요한 점은 과정을 즐기며 그 과정에서 삶의 역경, 고난, 혼돈을 다루는 체계를 구축하는 것이다.

여러분이 새로운 것을 시도라도 해 보고 그만둔다면, 한 번이라도 컴포트존에서 자신을 밀어내 보았다면, 나는 이 책이 성공했다고 느낄 것이다. 의지력과 회복탄력성을 강화하려면 많이 노력해야 한다. 그것은 그만한 가치가 있고, 진정으로 삶을 바꿀 수 있다.

나만의 도전 과제 만들기

다음 장에서 도전 과제를 살펴보기 전에 짧은 연습을 하나 해 보자. 오래 걸리지도 않고 흥미로울 것이다.

여러분의 컴포트존에 관해 떠올려보라. 어떤 모양인가? 어떻게 보이는가? 무엇이 두려운가? 제트기의 비상탈출 좌석이 튀어 나가듯, 컴포트존에서 여러분을 내던질 요소가 무엇일지 생각해 보라. 무엇이 여러분을 삐걱거리게 할까? 무엇이 여러분을 불편하게 만들까? 잠시 생각해 보라.

이제 종이와 펜을 꺼내거나 휴대폰을 사용해 나만의 도전 과제를 작성하라. 여기에는 신체적, 정신적으로 힘들 수 있는 일들과 여러분이 불편해할 만한 일들이 뒤섞여 있을 것이다. 헌혈을 해 보거나 타란튤라를 만져보는 건 어떤가? 스카이다이빙이나 상어와 수영하는 건? 마라톤이나 악기 배우기도 목록에 포함될 수 있다. 선택지는 아주 많다. 창의력을 발휘해 몇 분 동안 아이디어를 내보라.

목록에 있는 모든 게 혼이 나갈 정도로 무섭지는 않아야 한다. 조금은 겁나는, 익숙하지 않은 일들도 포함해야 한다. 스스로 어렵게 느끼는 일에 초점을 맞추는 게 중요하다. 기술이 필요한 도전 과제를 생각해 보라. 신체적 과제를 생각해 보라. 정신적 과제를 생각해 보라. 고정 관념을 깨고 할 수 있는 한 기상천외하고 대담한 일에 도전해 보라. 거대한 도선 과제를 생각해 보고 나서 더 작고 더 빨리할 수 있는 과제를 생각해 보라. 목록을 '죽기 전에 하고 싶은 일'과 '죽어도 하기 싫은 일', 둘로 나눠보자. 선택한 도전 과제에 똑같은 정도로 마음이 끌리면서도 두려움이 느껴져야 한다.

이제 여러분만의 목록을 작성하라. 오래 걸리지 않을 것이다. 아이디어를 적을 수 있도록 다음 페이지를 비워두었다.

여러분과 나의 컴포트존은 다르게 보일 수밖에 없다. 그러니 잠시 후 보게 될 내 도전 과제를 읽으면서 여러분의 목록과 비교해 보면 흥미로울 것이다. 분명 겹치는 것도 있겠지만, 여러분만의 독특한 아이디어도 있을 거라 확신한다.

이제 자신만의 도전 목록을 만들었다면 여러분과 나의 목록을(마음에 드는 도전 과제와) 섞어 컴포트존을 떠나는 이상하고도 멋진 방법을 시리즈로 구성할 수 있다. 마음에 깊이 와닿는 긴 도전 목록을 얻을 게 분명하다. 여러분의 활약이 기대된다.

여기 빈 종이가 있다. 이 공간에 자신을 컴포트존에서 밀어낼 일들을 적어보자.

전체 경험의 경과를 추적하는 아주 좋은 방법은 각 과제를 끝낸 후 다이어리나 일기장에 그 내용을 조금씩 기록하는 것이다. 각 도전 과제에 관해 메모하면서 어려운 시기에 대처하는 자신만의 대처 기제를 개발할 수 있을 것이다. 역경을 헤쳐 나가며 얻은 작은 경험 하나하나가 여러분을 더 강하게 만들 테니, 이를 잊지 마라.

아래 예시에 따라 여러분의 경험을 기록해 보라. 각 영역을 채워 가면서 완수한 도전 과제(내 과제나 여러분의 과제)를 정리하고 어떤 교훈을 얻었는지 집중해 볼 수 있을 것이다. 다이어리에 이 구조 그대로 써보거나 내 웹사이트에서 무료 버전을 다운로드해서 써도 좋다.

www.benaldridge.com

도전 과제:

시작일:

종료일:

내가 느낀 난이도(1-10):

내 경험:

배운 점:

도전 과제

▲
_____

시작할 준비가 되었는가? 도전 과제 순서는 여러분이 따라가기 쉽도록 나열했다. 같은 유형의 도전 과제가 너무 많이 모여 있지 않게 균형을 맞추었다. 물론 무작위로 읽을 수도 있지만 나는 이대로가 가장 알맞다고 생각한다.

나는 완수했지만, 책에는 싣지 않은 도전 과제가 많다. 여기에 실린 도전 과제들은 내가 '역경의 해'에 수행한 가장 중요하고, 다양하며, 특이한 과제들의 혼합물이다. 이들이 여러분에게 밖으로 나갈 영감을 불러일으켜, 컴포트존을 벗어나길 바란다. 과제를 계속해 나가다 보면 엄청난 경험을 얻게 될 것이라는 확신이 생길 것이다.

더 까다로운 도전 과제를 극복하는 데 도움을 받고 싶다면, 잊지 말고 앞서 언급한 수단과 요령을 활용하라. 이 수단과 요령이 어려운 상황에 대처하는 방식에 큰 차이를 가져올 수 있다.

자, 더 이상 지체하지 않고 도전 과제를 선보이겠다. 마음껏 즐겨라!

1. 추위에 맞서라

부문 정신   **유형** 단기   **난이도** 7(어려움)   **소요 시간** 10분

무엇을 찬물로 샤워하기.

왜 찬물 샤워는 기분을 좋게 하고 면역 체계를 향상하는 데 도움이 될 수 있다. 냉수 요법Cold water therapy은 우울증과 불안, 다양한 정신 건강 상태를 치료하는 데 활용되어 왔다. 습진 완화부터 혈액순환 개선까지, 다른 건강상의 이점도 매우 많다. 기본적으로, 찬물 샤워는 여러모로 굉장해서 시도해 볼 이유가 아주 많다(믿기지 않는다면 인터넷을 검색해 보라). 하지만 이 과제를 수행하는 주된 이유는 찬물에 들어가는 것이 실제로 정말 어렵기 때문이다. 따라서 완벽한 마인드셋 훈련이고, 돈이 안 드는 데다 쉽게 완수할 수 있는 훌륭한 첫 도전 과제이다.

어떻게 찬물로 샤워하는 방법은 간단하다.

| 1단계 | 샤워기를 튼다.
| 2단계 | 찬물이 나오는지 확인한다.

| 3단계 | 찬물에 몸을 맡기고 참는다. 1분 정도 지나면 몸이 찬물에 적응할 테니 최소 5분 동안 그대로 있어 보라. 샤워하는 내내 '악' 소리를 내도 괜찮다.

| 4단계 | 성공을 축하하며 춤을 춰서 몸을 따뜻하게 한다. 심부 체온이 높아지도록 뜨거운 음료를 마시는 것을 추천한다.

더 어렵게 일주일, 한 달, 혹은 일 년간 아침에 일어나 가장 먼저 찬물로 샤워하라. 찬물 목욕을 시도해 볼 수도 있다. 찬물 목욕은 너무 가혹해서 찬물 샤워가 쉽게 느껴질 것이다.

한 단계 더 나아가고 싶다면 얼음 목욕을 시도해 보는 건 어떤가? 창의력을 발휘해 오래된 아이스크림 통 여러 개에 물을 담아 냉동실에 넣는다. 이렇게 하면 큰 얼음덩어리를 여러 개 만들 수 있다(얼음을 구입하는 게 더 쉬울지도 모른다). 찬물 욕조에 얼음을 넣고 온도가 좀 더 내려가도록 기다렸다가 뛰어든다. 그다음에는 욕조에서 보낸 시간을 기록하고, 차가움을 더 잘 견디게 될 때 그 기록을 깨는 시도를 해 볼 수도 있다.

또는 야생 수영에 도전해 보라. 가능한 한 많이 야외에서 물에 들어가 보도록 하라.

연구 영감을 얻으려면 인터넷에서 '빔 호프 메소드Wim Hof Method'를 검색해 '아이스맨*'이 어떻게 하는지 보라. 빔 호프는 추위와 관련

73

된 세계 신기록을 다수 보유하고 있고, 당연하게도 얼음 목욕과 찬물 샤워의 열렬한 팬이다. 속옷만 입고 킬리만자로산에 오른 기록도 있다. 인터넷에는 혹한을 견디는 호프의 기법에 대해 직접 이야기를 나눈 다큐멘터리도 여러 편 있다. 그의 저서 『아이스맨이 사는 법: 빔 호프 메소드는 어떻게 빛나는 장기적 건강을 창조하는가Way of the Iceman: How the Wim Hof Method Creates Radiant, Long-term Health』는 훌륭한 책으로, 여러분을 순식간에 추위의 달인으로 변신시켜 줄 것이다. 또 다른 좋은 방법은 그의 온라인 강의를 들어보는 것이다.

스콧 카니Scott Carney의 저서 『우리를 죽이지 않는 것: 차디찬 물과 극도의 고도, 환경 조건 형성이 어떻게 잃어버린 진화의 힘을 되찾을 것인가What Doesn't Kill Us: How Freezing Water, Extreme Altitude, and Environmental Conditioning Will Renew Our Lost Evolutionary Strength』도 추위의 이점을 탐구한 대단히 흥미로운 책이다.

인터넷에서 '냉동 요법Cryotherapy'을 검색해 거대한 양철 깡통 안에 서서 얼음처럼 찬 온도에 노출되는 것이 얼마나 유익한지 알아보라. 전 세계적으로 이런 서비스를 제공하는 곳이 아주 많으니, 한번 시도해 보는 건 어떤가?

내 경험 처음으로 시도한 찬물 샤워는 시끄러운 행사였다. 비명과

---

* 아이스맨: 빔 호프의 별명

욕설, 거친 심호흡이 난무했고 정말로 견디기 힘들었다. 나는 찬물이 쏟아져 나오는 샤워기 옆에서 머뭇거리며 서 있었다. 옆에 서 있는 것만으로도 한기가 느껴져서 바짝 긴장되었다. 머리는 먼저 뜨거운 물로 샤워하면서 천천히 도전하라고 나를 꼬드기고 있었다.

한참 동안 내면의 자아와 대화를 나눈 후, 마침내 힘과 열의를 끌어모아 곧장 물로 뛰어들었다. 찬물이 주는 최초의 충격에 숨이 턱 막혔다. 샤워를 계속하는 데 엄청난 의지력이 필요했지만 흥미롭게도 충격은 꽤 빨리 사라졌다. 2분 정도 지나자, 몸은 물의 온도에 익숙해졌고 계속 쏟아지는 찬물을 맞고 있는 게 그리 힘들지는 않았다. 샤워를 마치고 나왔을 때 온몸이 부르르 떨렸지만, 곧바로 온전히 찬물 샤워를 마쳤다는 데 깊은 만족감을 느꼈다. 그 경험으로 나는 활기차고 깨어 있는 느낌을 받았다. 몸이 따뜻해지는 데는 시간이 좀 걸려서 심부 체온을 높이려고 큰 컵에 차를 한 잔 마셨다. 그랬더니 금세 몸이 정상 체온으로 돌아왔다.

나는 매일 아침 정신적으로 자신을 시험하는 방법으로 찬물 샤워를 활용하기로 결심했다. 피곤할 때, 특히 겨울에는 아침에 일어나자마자 찬물로 뛰어드는 일이 쉽지 않았지만, 곧 이 의식에 푹 빠져들었다. 나는 이제 매일 '승리'하며 시작했고, 그렇게 다가올 하루를 준비한다.

기운 없고 피곤해서 활력을 끌어올려야 할 때도 찬물 샤워를 활용하려 한다. 찬물 샤워는 지금, 이 순간으로 자신을 돌려놓는 아주 좋은 방법이며, 내가 불안을 해소하는 데 정말 도움이 되었다.

거기에 더하여, 정말 자신을 밀어붙여 보려고 얼음 목욕을 시작했다. 얼음 목욕이야말로 진정으로 힘든 도전이었다. 처음에는 물속에서 몸이 격렬하게 경련을 일으키다가 마침내 진정된다. 모든 것을 아우르는, 감당하기 힘든 차가움과 통증이다. 얼음 목욕을 몇 번 하고 났더니 찬물 샤워는 그다지 대단치 않게 느껴진다. 내가 처음으로 얼음 목욕을 했을 때, 우리 집에서는 아마 누군가 고문이라도 당하는 듯한 소리가 났을 거다. 자학적이라고? 어쩌면 그럴지도….

나는 자연 속에서 찬물에 뛰어드는 것도 아주 좋아해서, 할 수 있는 한 자주 해왔다. 1월 중순에 영국 해협으로 수영하러 갔을 때 지나가던 사람들이 이상하게 보던 게 기억난다. 몹시 추운 전형적인 겨울날이었지만 어쨌든 물에 들어가기로 결심했다. 사실 바다는 얼음 목욕보다 훨씬 따뜻했고, 나는 겨울 바다에 들어가는 게 얼마나 '쉬운' 일인지 깜짝 놀랐다. 오해는 하지 마라. 바다는 여전히 정말 차가웠지만 얼음 목욕만큼 잔인하지는 않았다는 말이다.

배운 점　추위가 몸을 신체적, 정신적 한계로 밀어붙이기에 아주 좋은 방법이 될 수 있다는 걸 배웠다. 현대 사회에서는 극심한 기온을 피하기 쉽다. 추우면 난방을 틀고, 더우면 에어컨을 켜거나 선풍기를 사용한다. 우리 몸은 적당한 기온에 익숙해졌고, 일반적으로 말하면 우리 사회의 특성상, 우리는 적당한 온도 범위에 머문다.

짧은 시간 추위에 노출되는 건 문제가 되지 않는데도 쉽게 불평하고 호들갑을 떤다. 추위를 기꺼이 받아들이면서, 나는 밖에 나다닐 때 너무 덥고 너무 추운 날씨에 그다지 신경을 쓰지 않게 되었다. 이상하게 들릴지도 모르지만, 몸이 더 넓은 범위의 온도에 더 잘 적응하게 되었다고 느낀다. 나는 '아이스맨'은 아니지만 추위와 추위가 가져오는 엔도르핀*을 확실히 즐긴다.

지금까지 거의 1년 동안 매일 찬물 샤워를 했다. 샤워를 하기 직전에는 여전히 이게 좋은 아이디어라고 자신을 설득해야 하지만 정신적 저항은 서서히, 점점 더 약해지고 있다. 샤워를 마치고 나면 항상 놀라운 기분이 든다. 이는 의구심이 생길 때 마음을 강하게 유지하는 법을 가르쳐 주었다. **추위에 자신을 밀어 넣을 때마다 정신적 저항에 대처하는 데 점점 더 능숙해진다.** 내가 배운 귀중한 교훈이다. 이 훌륭한 도전은 불편함을 쉽게 연습할 수 있게 해 주었다.

차가운 물속에 있을 때면 나는 어떤 걱정도 하지 않고 오직 추위와 싸운다. 이는 내가 삶의 어려움에 어떻게 맞서고 싶은지 은유적으로 보여 준다. 앞으로 일어날 일을 걱정하기보다 지금 일어나고 있는 일에 집중해야 한다. 이론적으로, 눈앞에 닥친 일에 대처할 수 있다면 덜 고통받을 수 있다. 추위는 우리를 지금, 이 순간에 밀어 넣는다. 불교에서 인정한다는 인장을 찍어줄 만한 무언가로 다가올 것이다. 나는 얼음 목욕 명상이 인기를 얻을 날이 올 거라 확신한다.

---

*   엔도르핀: 뇌하수체에서 분비되는 물질로 진통 효과가 있다

2. 외국어, 재미있게 깨부수기

`부문` 기술 `유형` 장기 `난이도` 10(매우 어려움) `소요 시간` 1년

`무엇을` 이번 도전 과제의 핵심은 새로운 언어 배우기다. 1년에 걸쳐 언어 능력을 향상시키고, 다른 언어에 능숙해지는 것이다. 이 엄청난 과제를 지속하려면 매일 규칙적인 연습은 필수다.

`왜` 외국어 배우기는 근사하다. 엄청난 노력과 훈련이 필요하지만, 그 보상 또한 굉장하다. 여러분은 머리를 정말 많이 써야 하고, 다양한 방식으로 끊임없이 컴포트존에서 내쳐질 것이다. 매일 외국어를 공부하는 건 매우 어렵기 때문에 때로는 좌절감을 느낄 수도 있다. 그래서 자신을 정신적으로 시험하기에 아주 좋은 방법이다.

이게 첫 번째 '장기' 도전 과제임을 의식하라. 거대한 과제지만 삶이 바뀌고 마음이 열리는 경험이 될 수 있다. 이런 과제에 도전하는 건 큰 약속이지만, 나는 이런 유형의 도전이 지속성과 훈련, 장기 계획의 가치를 가르쳐 줄 수 있다고 진심으로 믿는다.

`어떻게` 외국어를 배우는 비결은 하고자 하는 '의지'다. 외국어를 공

불편함에 편안함을 느껴라

부하는 데 매일 시간을 할애할 수 있다면 더 잘하게 될 것이다. 사실이다. 하루에 30분 내기가 어렵게 느껴지겠지만 계획적으로 하면 가능하다. 가장 간단한 해결책은 평소보다 30분 일찍 일어나 목표 언어를 공부하는 것이다. 하루를 시작하는 멋진 방법이 될 것이다.

많은 사람이 학교를 졸업하면서 외국어 공부를 포기하고 '너무 어렵다'라고 주장한다. 이 도전의 핵심은 그 사람들이, 잠재적으로는 여러분이 틀렸다는 것(어쩌면 여러분도 외국어를 배우는 게 '너무 어렵다'라고 생각할 테니까)을 증명하는 것이다.

| 1단계 | 배우고 싶은 언어를 결정한다. 여러분을 설레게 하는 언어를 선택하라.

| 2단계 | 언어 배우기의 전체 흐름을 연구한다. 목표 언어를 공부하는 법을 다룬 웹사이트나 유튜브 영상이 많으니, 내 최선의 조언은 그곳에서 탐험을 시작하라는 것이다. 시간을 들여 목표 언어에 접근하는 방법을 알아보고 어떤 책, 어떤 온라인 도구 등을 활용할지 결정하라.

| 3단계 | 외국어 배우기 여정에 뛰어들어 기초 학습을 시작한다. 시간을 할애해 문법 공부를 하고 기본 교과서를 활용해 체계적으로 공부하는 걸 고려하라.

| 4단계 | 선생님이 가르치는 정기적인 수업을 받기 시작한다. 무수히 많은 방법으로 도움을 받을 것이다. 질문을 하고 진행 상황에 대한 피드백을 받을 수도 있다.

| 5단계 | 목표 언어를 쓰는 새로운 친구를 사귀거나 시간당 비용이 저렴한 www.italki.com을 활용해 원어민과 대화를 연습한다. 이 웹사이트는 아무리 추천해도 지나치지 않다.

| 6단계 | 외출 중에도 휴대폰 애플리케이션을 사용해 계속 연습한다. 버스나 지하철을 기다리는 등 남는 시간에는 휴대폰을 꺼내 단어 플래시 카드 몇 장을 반복해서 연습할 수 있다.

| 7단계 | 매일 연습한다. 스톱워치를 사용해서 공부에 들인 시간을 측정한다. 진행 상황을 추적할 수 있고 일일 목표치를 달성하는 데 도움이 될 것이다.

| 8단계 | 목표 언어를 쓰는 나라로 여행한다. 1년 후에는 유창하게 말할 수 있을지도 모른다.

더 어렵게 실력 향상에 도움이 되는 목표 언어 시험에 응시해 보아도 좋다. 목표 언어로 쓰인 소설 읽기나 고급 콘텐츠에 빠져 볼 수도 있다. 목표 언어만 구사하는 진짜 친구를 사귀는 것도 자신을 시험하는 아주 좋은 방법이다.

궁극적으로는 제2외국어나 제3외국어를 배우는 데 도전한다.

연구 플래시 카드는 밖에 있을 때 단어를 공부하는 열쇠다. 유형은 셀 수 없이 많지만, 나는 안키Anki(데이미언 엘름스가 만든 플래시 카드식 지능형 암기 프로그램)가 훌륭한 시스템과 편리한 애플리케이션을 갖추었다고 생각한다.

가브리엘 와이너Gabriel Wyner의 저서 『플루언트 포에버Fluent Forever』
는 언어 학습의 전체 흐름을 간결하게 잘 설명했다. 이 책은 여러 가지
팁과 요령을 담고 있어 올바른 태도와 공부 습관을 기르는 데 큰 도움
이 될 것이다.

www.italki.com은 말할 것도 없다. 편한 시간에 원어민이 가르치
는 온라인 과외를 저렴하게 예약할 수 있다. 보통은 스카이프에서 수업
이 진행되지만, 다른 온라인 플랫폼도 이용할 수 있다. 이로써 여러분의
언어 학습 단계를 한 단계 끌어올릴 수 있다.

유튜브에서 '다국어 구사자Polyglot' 영상을 검색해 보면 여러 언어
를 능숙하게 구사하는 다양한 사람들의 능력에 깜짝 놀랄 것이다.

내 경험　이번 도전 과제로 나는 일본어를 배우기로 했다. 말도 안 되
게 어렵겠지만 '역경의 해'의 핵심이 거기에 있었다. 나는 도전하기 어
려운 일들을 찾고 싶었다. 일본에 두 번 가보고 그 나라에 푹 빠져서
일본어를 선택하는 게 당연했다. 일본이라는 나라와 특별한 유대감을
형성하고 싶었고 일본어를 배우면 확실히 그렇게 될 것이었다.

이 장기 프로젝트를 어떻게 실행할지 연구하는 데 많은 시간을 할
애하고 전략을 세웠다. 일본어는 배우기 아주 어려운 언어라 어떻게 접
근할지 알아보는 데만도 한참 걸렸다. 문법 구조가 영어와 완전히 다르
고, 세 종류의 문자가 있으며(그중 한 종류는 2,000개의 필수 문자를 외워야 한

다), 격식에 따라 여러 단계로 나누어져 있다. 특이한 속어가 가끔 한 번씩 나오는 게 아니라, 누구에게 말하느냐에 따라 단어나 어형이 완전히 달라진다. 친구들이나 직장 상사, 모르는 사람과 이야기할 때 다른 단어를 쓴다. 기본적으로 익혀야 할 단어가 아주 많다. '나'를 말하는 방식만 해도 영어에서는 단어 하나지만, 일본어에서는 여러 개가 있다.

나는 금세 압도당했다. 공부를 시작한 지 몇 주 만에 내 역량 밖이라고 느끼고 포기하는 게 어떻겠냐며 심각하게 자문했다. 사실 일본어를 공부하던 첫 6개월 동안 이런 일이 여러 번 있었다. 이 도전 과제가 얼마나 역대급 도전이 될지 더 깊이 받아들이게 되었고 이 여정에서 한 걸음 내디딜 때마다 감사하기 시작했다.

일본어 수업 중에 어이없는 실수를 해서 선생님과 배꼽 빠지게 웃은 적도 여러 번 있다. 내가 아홉 살짜리 아이와 만나고 있다고 했을 때 선생님 얼굴에 떠오른 충격은 아주 걸작이었다. 실제 말하고 싶었던 것은 여자 친구와 9년째 사귀고 있다는 내용이었다! 한 번은 내가 치질이 있다고 밝힌 적도 있는데, 실은 수업이 거의 끝나간다고 말하려던 거였다. 이런 어이없는 실수를 아주 많이 해왔지만, 그게 마지막은 아닐 거라 확신한다.

1년을 공부하고 난 후, 이제 비교적 간단한 화제로는 뇌에서 땀이 나는 느낌 없이 한 시간 동안 일본어 존댓말과 반말로 대화를 나눌 수 있게 되었다. 간단한 기사를 이해할 수 있게 되었고, 지금은 천천히 일본어 한자를 익히고 있다. 일본어를 공부하고 6개월 정도 지났을 때 나는 일본어 능력 시험을 치렀고, 기본이긴 하지만 공식 자격을 취득했다. 좋은 사람들을 만났고, 일본인 친구들을 사귀었으며, 일본 문화에 깊이 빠져들었다. 이 언어를 배우기 시작한 것에 매우 만족하며 일본어가 일상에 스며든 데 행복을 느낀다.

일본 문화는 끊임없이 나를 놀라게 하고, 그게 바로 내가 푹 빠진 이유다. 얼마 전 나는 국수 안에서 목욕할 수 있는 일본의 어느 온천을 다룬 영상을 봤다. 온천은 포도주와 맥주, 차 목욕도 제공한다. 파도 파도 계속 나오는 이런 것들이 일본과 진한 사랑에 빠지게 한다. 언젠가 국수 목욕을 꼭 하고야 말리라.

배운 점 일본어를 공부하면서 매우 복잡한 언어에 대한 분명하고 기본적인 지식 외에도 개인적인 통찰을 많이 얻었다. 즉각적인 결과를 기대하면서 진행 상황에 좌절했던 경험을 바탕으로, 이제는 그 과정을 훨씬 더 즐기게 되었다. **무엇을 위한 여정인지 제대로 보고 얼마나 힘든지에 대한 걱정을 내려놓자마자 어려움에 집중하지 않고 여정을 즐기게 되었다.**

배우는 과정에서 핵심은 '꾸준함'이었다는 걸 알게 됐다. 매일 공부하기로 한 약속을 지키는 건 매우 어려웠지만 결과는 가치가 있었다. 매일 일본어 연습량을 기록했기 때문에 지금까지 일본어를 공부하는 데 얼마나 많은 시간을 투자했는지 알고 있다. 이로써 전반적인 진행 상황을 대략 계산할 수 있게 되었고, 점점 늘어나는 시간이 큰 동기 부여가 된다는 사실을 깨달았다.

일본어 공부에서 얻은 가장 큰 교훈 하나는 어려운 일에 접근할 때 필요한 마음가짐이다. 그 길로 내딛는 한 걸음마다 뛰어넘어야 할 또 다른 장애물이 있다. 이렇게 끊임없이 투쟁하면서 나는 어려움을 더 잘 받아들이게 되었다. 불편함에 더 편안해지고 있으며, 내 삶의 다른 영역에도 이를 적용할 수 있음을 안다.

3. 발바닥에 땀나게 걷기

부문 신체 **유형** 중기 **난이도** 8(어려움) **소요 시간** 며칠

무엇을 장거리 걷기를 여러 날에 걸쳐 완주하라.

왜 이번 도전 과제는 굉장히 어려울 수 있다. 온몸에 통증을 느끼며(이틀째부터) 아침에 일어나, 또 내내 걸어야 하는 하루가 시작됐다는 사실을 받아들이기가 여간해선 쉽지 않다. 피로 수준을 적절히 관리하고 발에 상처나 물집이 생기지 않게 조심해야 한다. 하지만 그 과정에서 시골 풍경을 즐기는 경험을 하고 흥미로운 방식으로 지구력을 시험하게 될 것이다.

어떻게 완주하고 싶은 장거리 도보 여행 길을 정한다. 여러 단계에 걸쳐 처음부터 끝까지 걷는 데 며칠이 걸리는 길이여야 한다. 약 160킬로미터 거리를 목표로 하라. 인터넷에서 '도보 여행 길'을 검색하면 금세 다양한 선택지가 주어질 것이다. 선택지는 전 세계에 걸쳐 아주 많으니 어떤 곳이 적합할지 조사해 보라.

도보 여행을 끝마치는 과정은 그다지 기술적이진 않지만, 결단력

이 필요하다.

| 1단계 | 경로를 정하고 언제 걸을지 날짜를 선택한다. 동행을 원한다면 친구에게 함께 가자고 하고, 자립성을 키우려면 혼자 한다. 그 단계에서 숙소도 고려하라.

| 2단계 | 경로를 계획하고 안내서를 주문한 후 적합한 장비(신발이 가장 중요한 요소)를 갖추고 숙소를 예약한다. 경로의 출발점에 어떻게 갈지, 도착점에서는 어떻게 돌아올지도 계획해야 한다.

| 3단계 | 길을 걷는다.

| 4단계 | 완주를 축하하고 다음 도보 여행을 계획한다.

더 어렵게 더 긴 거리를 걸어본다. 끝까지 걸으려면 훨씬 더 오래 걸릴, 약 800킬로미터 거리를 시도해 볼 수 있다. 스페인 북부의 산티아고 순례길은 이런 유형의 경로를 완벽하게 보여주는 예시다. 텐트와 다른 보급품을 짊어지고 걷는 것도 고려하라. 이렇게 하면 준비가 더 복잡해져서 더 많은 계획이 필요하다.

연구 레비슨 우드Levison Wood는 믿을 수 없을 정도로 긴 도보 여행을 여러 번 해낸 영국인 탐험가다. 우드는 어떤 도움도 받지 않고 나일강 전체를 걸었고, 히말라야산맥 전체를 걸었으며, 그 외에도 흥미진진한 탐험을 많이 해냈다. 우드가 낸 여러 책과 다큐멘터리는 여러분이 등산화를 신도록 용기를 북돋아 줄 거라 믿어 의심치 않는다. 우드의 책 『히말라야를 걷다Walking the Himalayas』는 믿을 수 없을 정도라 진정으로 영감을 불러일으킨다.

같은 지역 사람들과 함께 걷는 모임에 관심이 있다면 참여해 볼만한 동호회나 협회도 아주 많다. 장거리 도보 여행에 관심 있는 사람들을 만나는 아주 좋은 방법일 것이다.

내 경험　항상 장거리 도보 여행을 해 보고 싶었지만, 그럴 기회가 없었다. 그래서 도전 목록을 작성할 때 최우선 순위로 삼았고 신체적, 정신적으로 자신을 시험할 아주 좋은 방법이라고 생각했다.

나는 영국의 코츠월드 웨이를 걷기로 했다. 이 길은 치핑 캠든Chipping Campden에서 시작해 배스Bath에서 끝난다. 길이는 164킬로미터다. 나는 혼자 걷기로 하고 짧은 시간에 완주하는 데 초점을 맞추었다. 권장 기간은 7일에서 10일 사이지만 좀 더 노력해서 4일 안에 완주하는 걸 목표로 삼기로 했다. 어리석다고? 어쩌면 그럴 것이다.

첫날은 힘들긴 했지만 잘 지나갔다. 전에 일부 구간을 걸은 적이 있어서 경로가 어느 정도 익숙했다. 풍경은 근사했고 다가올 모험에 설렜다. 하루가 끝나갈 무렵 피부 마찰 때문에 꽤 괴로웠지만, 미리 바셀린 한 통을 챙겨 온 통찰력(혹은 천재성)이 있었다. 피부 마찰은 전혀 예상치 못한 일이었고, 그로 인해 마지막 몇 킬로미터는 힘들었다(허벅지 안쪽에서 피가 나는 것만 같았다). 총 45킬로미터 정도를 걸었으니 꽤 성공적인 첫날이었다.

둘째 날은 시작부터 좋지 않았다. 실수로 신발을 밖에 놔두었는네 밤새 비가 내렸다…. 중요한 하루를 앞두고 푹 젖은 신발을 신는 것은 이상적이지 않다. 아니, 끔찍했다. 걸을 때마다 찌걱찌걱 소리가 시끄럽게 울려 퍼졌다. 헤드폰을 꺼야 했다!

아침 일곱 시에 경로에 접어들었으나 몸이 풀려 제대로 움직이기까지 한 시간이 걸렸다. 세 시간 정도 걷고 나자 왼쪽 발 뒤쪽에 통증이 느껴졌다. 발꿈치에 물집이 잡힌 듯한 날카로운 감각이었다. 실제로는 물집이 잡힌 게 아니라 아킬레스건에서 오는 통증 같았다. 무시하고 계속 걸었지만 무슨 일이 일어나고 있는 건지 걱정되기 시작했다. 뭔가 잘못된 것 같았다. 한 시간 정도 지나자, 발뒤꿈치의 통증은 참을 수 없을 정도가 되었고 끝까지 걸을 수 있을지 의구심이 들기 시작했다. 기분이 가라앉고 좌절감이 들었다. 하지만 그건 전혀 도움이 되지 않았다. 결국 통증을 가라앉히려고 진통제를 복용하고 결과에 상관없이 계속 걷기로 마음먹었다. 다행히 발은 남은 하루를 잘 버텨주었고, 마라톤에 조금 못 미치는 거리를 끝마쳤다.

셋째 날 잠에서 깼을 때 발의 통증은 훨씬 나아져 있었다. 아주 좋은 소식이었다. 그러나 상황은 쉽게 풀리지 않았다. 셋째 날의 문제는 비였다. 6시간 내내 비가 내렸고 처음 몇 킬로미터를 걷고 나자 옷이 흠뻑 젖어버렸다. 지금 얘기하는 건 쉴 틈 없이 내리는 영국의 여름 호우다. 이 엄청난 호우로 방수 바지가 찢어져 다리가 젖어버렸다. 상태는

불편함에 편안함을 느껴라

비참했지만 계속 '비가 안 오면 훈련도 아니다'라는 격언을 마음에 새기려 노력했다. 이 주문은 어느 정도 도움이 되었다. 내 발은 아주 더러운 말린 자두처럼 보였다.

넷째 날은 잔혹했다. 몸은 리듬을 찾으려 힘겹게 싸웠다. 발의 통증은 극심해졌고(그 고통이 복수하듯 돌아왔다), 몸은 제발 그만하라고 간청했다. 헤드폰을 끼고, 동기 부여를 받으려고 헤비메탈 음악을 들으며 고개를 푹 숙이고 목표에 집중했다. 고통스러운 날이어서 마음에 떠오른 온갖 부정적인 생각을 없애려 열심히 노력해야 했다. 비록 힘든 싸움이었지만 결국 나흘째에 나는 그 길을 완주하는 데 성공했다.

총 170킬로미터, 나흘 동안 마라톤을 네 번 완주하는 것과 맞먹는 거리를 걸었다. 전체 오르막은 4,000미터에 가까워서 어쩔 수 없이 언덕을 오르는 데 많은 시간을 보냈다.

어떤 면에서는 매일 산에 오르고 마라톤 코스를 걸어서 완주하는 것 같았다. 하지만 목표했던 주행거리를 끝내자 안도감이 밀려왔고, 마침내 멈추어주어서 몸이 매우 행복하다는 신호를 보내왔다. 어쨌든 정말로 위대한 성과였고 잊지 못할 일이었다.

배운 점 코츠월드 웨이를 4일 만에 모두 걷는 데 무엇이 필요한지 완전히 과소평가했다. 당시 마라톤을 뛴 지 얼마 되지 않았고 다양한 신체적 도전을 하고 있어서 체력이 극도로 좋았다. 강인하게 느껴졌고 몸 상태도 훌륭했다. 걷기 정도는 식은 죽 먹기며 아무런 문제도 없으리라 생각했다. 어쨌든 '그냥 걷기'였으니까. 하지만 예상은 완전히 빗나갔다.

거짓말 하나 안 보태고, 이 도전은 내가 겪어본 고통 중 육체적으로 가장 힘든 일 중 하나였고 몸은 심하게 망가졌다. 왼발에 가벼운 아킬레스건염이 생겼고 그 후 2주 동안 신발을 신을 수 없었다.

실은 걷기에 맞춘 특정한 훈련을 미리 하면서 점진적으로 이런 종류의 지구력을 길렀어야 했던 것이다. 걷기는 달리기와는 달라서 그에 맞는 훈련을 했어야만 했다. 여기에서 얻은 중요한 교훈은 **새로운 일에 접근할 때 무엇이 필요할지 충분히 주의해야 한다는 것이다.** 자신감이 지나쳐서 안일했다고 느꼈다. 큰 도전 과제를 실행할 때 꼼꼼한 준비는 필수다.

이 도전 과제를 수행하면서 나는 불편함을 극복하는 것에 대해 많이 배웠고, 과제를 완수하기 위해 깊이 파고들어야 했다. 짧은 기간 겪는 고통은 위대한 스승이었고, 공부해 온 철학을 모두 적용하도록 나를 밀어붙였다. 성공적으로 완주한 것에 정말로 기뻤고, 이 경험 전체에서 아주 많은 것을 얻었다고 느낀다.

4. 달려라, 나 자신과의 레이스!

부문 신체 **유형** 장기 **난이도** 10(매우 어려움)

소요 시간 최대 3개월

무엇을 공식 달리기 대회에 참가한다.

왜 이번 도전 과제의 핵심은 '절제'다. 대회를 위해 훈련해야 하며, 이는 자신과의 약속이다. 동기 부여도 굉장히 중요해서 규칙적인 훈련으로 기세를 이어가야 한다.

달리기는 비용이 거의 들지 않고 가장 원초적이면서 기본적인 형태의 신체 활동을 대표한다. 또한 달리기는 전반적인 체력에 훌륭한 토대가 되기도 한다. 무엇보다 먼 거리를 완주하는 데는 엄청난 정신력이 필요하다.

어떻게 인터넷으로 여러분에게 적합한 대회(5킬로미터, 10킬로미터, 하프 마라톤, 마라톤, 울트라 마라톤)를 찾아보고 선택한다.

과도한 훈련으로 다치지 않도록 주의하라. 요가와 스트레칭으로 부상을 방지하고 폼롤러를 구입해 뭉친 근육을 마사지하라.

| 1단계 | 인터넷을 검색해, 참가하고 싶은 대회를 찾는다. 의지를 끓어오르게 할만한 야심 찬 대회를 고르라.

| 2단계 | 참가 신청을 한다. 친구와 함께 대회에 참가해 그 과정에서 자선 단체에 기부할 모금도 기부할 수 있다.

| 3단계 | 적당한 훈련 프로그램(온라인 프로그램이나 지역 달리기 동호회)을 찾아 목표를 향한 계획을 세운다.

| 4단계 | 꾸준히 규칙적으로 뛰고 훈련 계획을 끝까지 지킨다.

| 5단계 | 대회에 나가 달린다. 달리는 동안 응원해 줄 가족과 친구들을 최대한 많이 불러라.

| 6단계 | 달리면서 생각해 둔 엄청난 먹거리를 마음껏 먹으며 완주를 축하하고 마사지를 예약하라!

더 어렵게   궁극의 도전으로는 마라톤이나 울트라 마라톤을 시도한다.

말도 안 되는 목표를 원한다면 몽블랑 울트라 트레일 마라톤Ultra-Trail Marathon du Mont Blanc을 인터넷으로 검색해 보라. 몽블랑 산악지대에서 10,000미터가 넘는 오르막이 포함된, 총 171킬로미터를 달리는 마라톤 대회다.

터무니없는 제안을 하나 더 하자면, 모로코 사막을 가로지르는, 여러 단계로 나누어진 울트라 마라톤, 사블레 마라톤Marathon du Sable을 추천한다.

연구 지역 달리기 동호회를 찾아보고 회원 가입을 고려하라. 잘 달리지 못해도 들어가는 데 문제는 없다. 훈련 파트너나 새로운 친구를 만드는 훌륭한 방법이다. 동호회에 가입하면 달리기 실력이 분명히 한 단계 더 발전할 것이다.

폼롤러를 구입하고 온라인 영상을 보며 사용 방법을 배우라.

좀비런zombie run이라는 이상한 세계를 확인해 보라. 자원봉사자들이 좀비 분장을 하고 대회 내내 여러분을 추격한다.

메독 마라톤Marathon du Médoc은 프랑스의 한 포도주 양조장을 지나는 마라톤 코스로, 각 급수대에서 물 대신 포도주를 건네준다. 재미있을 것 같지 않은가?

크리스토퍼 맥두걸Christopher McDougall의 저서 『본 투 런Born to Run』과 무라카미 하루키의 『달리기를 말할 때 내가 하고 싶은 이야기What I Talk About When I Talk About Running』는 엄청난 영감을 줄 것이다.

재미있는 달리기의 대안으로는 여러 색다른 경주(이상한 장소, 규칙, 주제), 화려한 드레스 경주, 야간 경주, 트레일 경주*가 있다. 선택지는 매우 다양하니, 탐험을 시작하라!

장거리 달리기에 영감을 받고 싶다면 로리 보시오Rory Bosio를 검색해 보라. 보시오는 뛰어난 지구력을 가진 마라톤 선수로, 여러 대회에서 경쟁하여 우승한 경험이 있다.

---

* 　트레일 경주: 시골길, 산길, 숲길 등을 달리는 경주

내 생애 첫 마라톤은 놀라운 경험이었다. 과거에 등산 목표를 달성하기 위한 훈련 방법으로 트레일 경주를 몇 번 한 적이 있는데, 마라톤을 해 보겠다는 생각은 한 번도 진지하게 해 본 적이 없었다. 항상 해 보고 싶었지만, 도전할 자신이 없었기 때문이다. 그래서 마라톤을 곧바로 도전 목록에 추가했으며, 나는 기대감과 순수한 두려움으로 가득 차 있었다. 마라톤이 정신 훈련에 아주 좋은 '운동'임을 입증할 예정이었다.

계획을 따로 세우지 않아도 되는 지역 대회를 고르기로 결심했다. 어디에 묵고, 출발선에 어떻게 갈지, 대회가 끝난 후에는 어떻게 집으로 돌아갈지 같은 것들에 자잘한 신경을 쓰고 싶지 않았다.

마라톤을 준비하는 데 몇 달이 족히 걸렸지만, 목표가 있었기에 집중할 수 있었다. 때로는 지나치게 훈련하는 바람에 – 나는 가끔 조금 지나치게 열중하는 경향이 있다 – 문제가 생겼지만, 실제 대회에 나갈 때는 컨디션이 좋았다. 이미 수백 킬로미터를 달린 경험이 있었던 터라 대회에 나갈 준비가 되어 있었다.

대회 날은 눈 깜짝할 새에 지나갔지만, 달리기에 적합한 날씨여서 고마운 마음이 들었다. 코스의 전반부는 빠르게 지나갔고 달리는 내내 힘이 넘쳤다. 훈련이 성과를 거두었다. 하지만 후반부는 쉽지 않았다. 35킬로미터쯤부터 힘에 부치기 시작했다. 한 걸음 한 걸음이 고통스러웠고 몸이 현저히 지쳐갔다. 억지로 머릿속으로 긍정 확언을 반복했고 (CBT의 팁에 감사를 전한다), 이는 집중력을 유지하는 데 정말 큰 도움이 되었다.

35~40킬로미터 구간은 말도 안 되게 길게 느껴졌다. 당장 그만두고 뻗어버리고 싶었다. 낮잠, 간식, 목욕, 시원한 음료, 편안한 음악이 있었으면 했다. 나는 더 깊이 들어가 마라톤을 끝내고 펼칠 탄수화물 대잔치를 상상하며 간신히 주의를 분산시켰다. 효과는 있었지만 심하게 배가 고파졌다.

마지막 1.6킬로미터는 놀랄 만큼 빠르게 지나갔고 갑작스레 모든 게 끝나버렸다. 결승선을 지날 때의 기분은 끝내줬다. 기진맥진해서 입을 뻥긋하기도 힘들었지만, 좋아서 입이 다물어지지 않았다. 그 순간을 절대 잊지 못할 거다. 영원히.

마라톤을 완주하고 나니 죽을 만큼 힘든 동시에 짜릿했고, 그 이후 며칠 동안은 환상적인 기분을 느끼며 지냈다. 다리가 미친 듯이 아팠음에도 말이다. 이 모든 경험으로 나는 가슴 벅찬 환희를 느꼈기에 마라톤은 아무리 추천해도 과하지 않다. 정말로 삶의 질이 높아지는 경험이었다.

배운 점 마라톤을 뛰면서 얻은 교훈이 아주 많다. 특히 내 신체 능력과 내가 피로에 반응하는 방식에 대해 배웠다. **통증을 견디는 인내력이 서서히 눈에 띄게 올라갔고, 달리는 활동에서 자신을 정신적으로 분리하는 법(주로 음식을 상상하면서)을 배웠다.** 대회를 완주하는 데는 굉장한 정신적 노력이 필요했기 때문에 아주 다양한 방식으로 마음가짐을 시험할 수 있었다.

이 경험 전체에서 얻은 또 하나의 매우 가치 있는 교훈은 스트레칭의 중요성이었다. 훈련 중에 스트레칭을 아주 많이 했고, 이는 성과에 엄청난 차이를 보여주었다. 요가와 필라테스도 내 부상을 막아준 일등 공신이었다. 이는 매우 중요하며, 달리기로 했다면 부상 예방 차원에서 정말 도움이 될 것이다. 전봇대 같은 유연성의 소유자였던 나도 이제 손이 발에 닿는다.

마라톤 완주는 자기 제한적 신념을 무너뜨리는 아주 좋은 예시였다. 헌신하고 집중하면 어떤 어려운 일도 이룰 수 있다는 사실을 알게 되었다. 마라톤처럼 중대한 일을 끝마치는 것은 자신감을 높이는 데 정말 도움이 되었다. 앞으로 더 고난도 코스의 마라톤에 도전해, 그 경험으로 정신적인 몰입에 집중할 계획이다.

5. 루빅큐브, 3x3 퍼즐의 마법을 풀다

부문 기술 **유형** 중기 **난이도** 7(어려움) **소요 시간** 일주일

무엇을 이번 도전 과제의 목표는 루빅큐브를 맞추는 것이다. 루빅큐브는 1980년대 초에 엄청난 인기를 얻은 유명한 퍼즐이다. 여섯 가지 다른 색깔의 면으로 이루어진 정육면체로, 회전축을 따라 모서리를 돌려 각 면을 같은 색깔로 맞추는 퍼즐이다.

왜 루빅큐브를 맞추는 방법을 익히려면 기억력을 잘 활용해야 하고 복잡한 지시 사항을 따라가는 능력이 있어야 한다. 큐브를 맞추는 방법을 모르는 사람들에게는 매우 인상적인 기술이어서 새로운 묘기가 될 수 있다.

어떻게 루빅큐브를 맞추려면 일련의 알고리즘(여기서는 큐브를 돌리는 순서)을 배워야 한다. 큐브를 구입하면 설명서가 들어 있을 테지만, 따라 하기는 어려울 수도 있다. 큐브를 맞추려면 한 면을 먼저 맞추어야 한다. 보통은 흰색 면부터 시작하지만, 더 잘하게 되면 어떤 색깔을 먼저 맞춰도 상관없다. 첫 번째 면을 맞춘 후에는 일련의 알고리즘을 따

라가면서 천천히 큐브를 맞춰나가면 된다. 복잡하게 들리지만 실제로 배우면 누구나 쉽게 할 수 있다. 시각 자료를 따라 하면 훨씬 쉽게 배울 수 있다. 다행히도 큐브를 맞추는 데 도움이 되는, 이해하기 쉽고 자세한 영상을 실어놓은 웹사이트가 무수히 많다. 루빅큐브를 정복하고 싶다면 아래 방법을 따르라.

| 1단계 | 루빅큐브를 구입한다. 종류가 매우 다양해서 여러 가지 선택지가 있지만, 공식 루빅큐브로 시작하기를 권한다.

| 2단계 | 방법을 배울 자료를 선택한다. 온라인 영상이나 큐브에 들어 있는 설명서를 따라 하면 된다.

| 3단계 | 각 면의 명칭을 이해하고 큐브의 방향을 배운다. 그다음에는 알고리즘 기호의 의미를 배울 수 있다. 예를 들어 F2는 앞면을 시계 방향으로 두 번 회전시키는 동작에 쓰이는 기호이다. 다시 말하지만, 시각 자료를 참고하면 더 이해하기 쉬울 것이다.

| 4단계 | 큐브에 들어 있는 설명서나 웹사이트 및 동영상을 보고 큐브를 맞춘다.

| 5단계 | 알고리즘을 외워본다.

| 6단계 | 설명서 없이, 매번 쉽게 큐브를 맞출 수 있을 때까지 연습한다.

더 어렵게 1분 안에 큐브를 맞춘다. 루빅큐브를 분해해서 바셀린이나

방청 윤활제(WD40)를 사용하면 큐브가 부드러워져서 훨씬 더 빨리 움직일 것이다. 큐브 맞추는 시간을 확실히 줄일 수 있다. 아니면 일반 큐브보다 더 빨리 돌아가도록 설계된 '스피드 큐브'를 구입하는 것도 고려하라.

아주 어렵게 해 보려면 4x4나 5x5, 7x7 큐브를 맞추는 데 도전해 보라.

연구 '프리드릭 루빅큐브 메소드Fridrich Rubik's cube method'는 큐브를 맞추는 고급 방법으로, 큐브를 맞추는 시간을 크게 단축할 수 있다. 윌 스미스가 영화 〈행복을 찾아서The Pursuit of Happyness〉에서 사용한 방법이다. 이 방법을 쓰면 큐브를 맞추는 게 저절로 10억 배는 더 멋있어진다고 생각한다.

타이슨 마오Tyson Mao는 유튜브에서 훌륭한 교육용 영상을 제공한다. 이 명확한 단계별 영상은 큐브를 배우기 시작할 때 유용하다.

스피드 큐브 맞추기를 살펴보면 그런 것이 가능하다는 데 마음을 빼앗길 것이다.

내 경험 나는 항상 루빅큐브 맞추기를 배우는 건 불가능하다고 여겼다. 그러니 이건 내 자신을 온전히 몰두시킬 수 있는 완벽한 도전 과제였다. 불가능하다고 생각했기에 내면의 저항을 탐구해 보고 싶었다.

먼저 루빅큐브를 구입하고 큐브에 딸려 온 설명서를 따라 해 보기 시작했다. 한참을 씩씩거린 후에 한 면을 맞추는 데 가까스로 성공했다. 흥분되는 순간이었다. 갑자기 큐브가 더 이상 불가능해 보이지 않았다. 아마도 모든 면을 맞추는 게 가능할지도 몰랐다.

얼마 후, 어쩌면 인정하기 싫을 정도로 긴 시간이 흐른 후, 소파에 앉아 있는 내 손에 완벽히 맞춰진 루빅큐브가 들려 있었다. 믿을 수 없었다. 끈질김의 성과였다. 그 후 며칠 동안 그 과정을 계속 다시 반복하며 완전히 암기했다. 이제 지시 사항을 따르지 않아도 큐브를 맞출 수 있게 되었다. 적어도 5분은 걸렸지만 그래도 마무리 지을 수 있었다. 연습을 해서 맞추는 시간을 거의 매번 1분 이하로 줄이는 것에도 성공했다. 그다음엔 큐브를 맞추는 다른 방법들을 살펴보기 시작했고 4x4와 2x2 큐브를 시도했다.

습득하면 아주 좋은 기술이어서 우연히 누군가 맞추지 못한 루빅큐브가 굴러다닐 때면 자연스럽게 맞추고 돈으로 살 수 없는 반응을 얻었다. 재미있는 것은 루빅큐브를 맞출 수 있다는 이유로 사람들이 갑자기 나를 정말 똑똑하다고 생각한다는 것이다. 실제로는 대부분의 사람이 생각하는 것보다 훨씬 쉽지만, 가끔은 그들이 여러분을 천재라고 생각하게 두는 것도 재미있다.

배운점 스스로 만들어 낸 부정적 믿음이 얼마나 강력했는지에 놀랐다. 루빅큐브를 맞추는 게 너무 어려울 거라 여기며 처음부터 시도조차 하지 않으려 했는데, 이 과정을 거치면서 스스로 어렵다고 꼬리표를 붙인 일들에 어떻게 접근해야 하는지 많이 배웠다. 시도해 보기 전까지 그게 어렵다는 걸 어떻게 알겠는가? 이건 정말 소중한 교훈이다. 항상 배우기가 너무 어렵다고 생각한 일들에 이 개념을 적용할 수 있으면 좋겠다.

CBT가 이를 훌륭하게 도와준다. 자기를 의심하는 생각을 순수한 논리로 깨부수면 엄청난 차이를 만들 수 있다. **부정적 추측에 의문을 제기하고 어쨌든 시도해 보는 게 앞으로 나아가는 방법이다.**

6. 한 걸음씩, 꼭대기까지

부문 신체 　**유형** 중기 　**난이도** 9(매우 어려움)

소요 시간 주말+훈련 시간

무엇을 산 정상까지 등반한다.

왜 　등산은 힘겨운 신체적, 정신적 투쟁을 대표하며 다양한 방식으로 여러분을 시험할 수 있다. 또한 맑은 날에는 정상에서 멋진 풍경을 볼 수 있다.

어떻게 　처음에는 기술이 거의 필요 없거나 산책 정도의 산을 선택할 것을 추천한다. 전 세계 어디에나 초보자가 시도해 보기에 적합한 산이 아주 많다. 적절한 등반 코스 목록을 적어보자. 영감을 받고 싶다면 현재 자기 능력에 맞는 가까운 산을 인터넷으로 알아보라.

　어떤 산이든 어려운 수준의 등반 코스가 있을 수 있으니, 가기 전에 확실히 준비하라. 적절한 장비를 갖추고 떠나기 전 일기 예보를 확인하라. 확신이 서지 않으면 등산 전문 팀과 함께해도 좋다.

| 1단계 |　산을 선택한다. 여러분의 등반 수준에 적당한 곳을 인터넷으로 찾아본다.

| 2단계 |　함께할 친구를 찾을지 아니면 혼자 할지 결정한다.

| 3단계 |　적당한 주말을 선택한다. 숙소를 예약하고 왕복 교통편을 계획한다.

| 4단계 |　필수용품을 구매한다. 지도, 나침반, 구급 용품, 호루라기, 물, 음식, 적절한 신발과 옷이 모두 필요할 것이다.

| 5단계 |　산으로 이동한다.

| 6단계 |　일찍 출발한다. 그래야 등반에 하루를 전부 쓸 수 있다. 일기 예보를 확인하고, 그 상태가 등반에 적합한지 꼭 확인한다. 또한 응급 상황이 발생했을 때 해야 할 일을 숙지하고 산악 구조대 전화번호를 소지하라.

| 7단계 |　산을 등반한다. 정상에 도달했을 때는 등반이 끝난 것이 아니라 겨우 절반 지났다는 사실을 기억하라. 대부분의 사고는 긴장이 풀렸을 때, 내려가는 길에 발생하니 계속 집중한다. 시종일관 안정된 속도를 유지하고 시작부터 너무 빨리 가지 말라.

| 8단계 |　안전하게 내려와 베이스캠프로 돌아와서 축하하라.

더 어렵게　더 높고 더 고도의 기술이 필요한 산으로 간다. 손과 발을 모두 사용하는 등반 형태인, 암벽 등반에 도전해 본다. 단순히 산에 오르는 것보다 훨씬 더 힘들고 경로 또한 매우 노출되어 있으니 이에 주

의하라.

여러 산을 이어서 도전해 보며 도전 과제의 난도를 높일 수도 있다. 산을 걷거나 오르는 데 경험이 많다면 겨울 등반을 시도해 보거나, 고산 등반으로 한 단계 더 발전시킬 수도 있다.

연구 넷플릭스에서 영화 〈메루, 한계를 향한 열정Meru, 2015〉을 시청하면 고산 등반의 감동을 느낄 수 있을 것이다.

다큐멘터리 〈프리 솔로Free Solo, 2018〉와 〈던 월The Dawn Wall, 2018〉도 인상적이다. 실제 등반에 초점을 맞추고 있지만, '등반가'가 아니어도 재미있게 볼 수 있다. 손에 땀을 쥘 준비를 하라.

지구상에는 여러분의 한계를 뛰어넘고 그 과정에서 멋진 기술들을 배울 수 있는 등산 코스가 수없이 많다. 무엇을 찾을 수 있는지 확인해 보라.

내 경험 나는 항상 등산을 좋아했고 수년에 걸쳐 스노도니아Snowdonia와 알프스에서 정말 많은 시간을 보냈다.

'역경의 해'의 일환으로, 나는 산에서 자급자족할 수 있도록 다양한 코스를 등반하면서 기술을 한 단계 끌어올리기로 했다. 이것은 다양한 방식으로 나를 컴포트존에서 밀어낼 계기가 되었다.

최근에 트래드 클라이밍Traditional Climbing* 수업을 마쳤기 때문에 나와 내 등반 파트너는 우리가 배운 새 기술을 시험해 보고 싶었다. 트래드 클라이밍의 개념은 절벽이나 산을 오를 때 암벽에 조금의 장비(산을 오를 때 안전하게 고정시키기 위한 확보줄)를 설치하고 보호용 로프를 달고 오르는 것이다. 설치한 장비는 두 번째 등반가가 제거한다.

우리는 거대한 산의 느낌이 있는 조금 더 야심 찬 경로를 시도해 보고 싶었다. 그래서 북웨일스의 멋진 스노도니아 국립공원에 있는 돌먼 리지Dolman Ridge에 도전하기도 했다. 어려울 테지만 경험이 부족하다고 해서 목숨이 위태로울 경로는 아니었다.

로프 등반이 시작되기 전에 우리는 한 시간 반 동안 비를 맞으며(뭔가가 닥쳐오고 있다는 신호) 걸어야 했다. 경로의 출발점에 다다를 즈음, 다행히도 비가 그쳤다. 우리는 그날 비가 더 이상 오지 않기를 바라며 능선에 오를 준비를 했다.

쉬운 지형인 첫 번째 지점(로프 길이 정도)까지는 내가 앞장섰다. 즉, 내가 먼저 등반한 후 적절한 장소에 멈춰 로프 반대편에 있는 등반 파트너를 안전하게 끌어올렸다. 그다음, 이 전술을 번갈아 가며 다음 지점까지 교대로 '앞장' 섰다. 경로에서 살짝 벗어나기 전까지는 아주 잘 진행됐다. 하지만 그 후 경로를 잘못 읽고 더 어려운 지형으로 방향이 틀어져 버렸다. 말할 필요도 없이 상황은 조금 더 흥미진진해졌다. 비와 구름이 몰려와 오묘한 분위기를 자아냈고(사실 무서웠다) 신경은 서서히 날카로워졌다. 암벽은 말도 안 되게 미끄러워서 완전히 미끄러지기도

---

*   트래드 클라이밍: 크랙 위주의 등반선을 따라 오르는 암벽등반

했지만, 등반 파트너와 연결된 장비 덕분에 무사했다. 이로 인해 동요한 나는 자신감이 순식간에 빠져나가는 걸 느꼈다. 우리는 경로를 재조정하고 적어도 경로 찾기가 쉬워지도록 산마루로 나아갔다.

나머지 능선은 비바람에 맞선 정신과 육체의 전투처럼 느껴졌다. 무자비한 상황이었지만, 이 조건을 헤치고 계속 오르도록 우리 자신을 밀어붙여야 했다. 겁이 났지만, 심각한 위험에 처한 것은 아니었고, 침착함을 유지하려고 노력했다. 훌륭한 훈련이었다. 지나고 보니 훨씬 더 쉬운 일이었다고 느꼈지만, 당시에는 그 훈련이 그다지 반갑지는 않았다. 말도 못 하게 무서웠기 때문이다.

능선 정상에서 우리는 강풍과 그로 인해 수평으로 내리는 비를 만났다. 능선에 도착했다는 잠깐의 안도감은 산에서 안전하게 내려가야 한다는 걱정으로 금세 바뀌었다. 이런 기상 조건에서 방향을 잡기는 어려워서, 우리는 엄청난 계산 착오를 일으켜 잘못된 방향으로 하산하기 시작했다. 그야말로 멍청한 짓이었다. 마침내 구름 아래로 나왔고, 가시거리가 몇 미터 이상 확보되어 안심했다. 우리는 서로 거리를 두고 고개를 숙인 채 길을 따라갔고, 마침내 스노든Snowdon 주차장에 도착했다. 도착했어야 하는 지점에서 9.5킬로미터 떨어진 곳이었다. 다행히도 버스가 있어서 차를 주차해 둔 곳으로 돌아올 수 있었다. 버스를 보고 그렇게 기뻤던 적은 없었다. 등반에 정신을 완전히 집중해야 했기 때문에 둘 다 완전히 녹초가 되어 버렸다. 정말 힘든 하루였지만, 대단한 모험이었다.

배운 점 이 경험에서 나는 힘든 상황 속에서도 침착함을 유지하거나 최소한 유지하려고 시도하는 것의 가치를 배웠다. 이 경로를 오르면서 눈앞에 닥친 두려움을 온몸으로 느꼈지만, 거기에 멈춰 그 경험에 압도당하지 않을 수 있었다. 전진하고 있다는 위대한 신호였다. 과거에 이 등반 길에 올랐다면 완전히 겁을 먹었을 것이다.

등반하는 동안 마음은 휘몰아쳤지만 그래도 정말 집중했다. 뇌가 서둘러 더 빨리 올라가라고 부추기는 상황을 복기해 보면 정말이지 놀라울 따름이다. 위험한 상황에서 나를 구해주려고 하는 듯했다. 문제는 이것이 실수할 가능성을 잠재적으로 증가시킨다는 것이다. 서두르다 보면 그럴 수 있다. 현재에 머무르고 마음속으로 최악의 시나리오를 쓰지 않아야 했지만, 말처럼 쉽지는 않았다. 서두르지 않고 속도를 늦춰야만 했다. 직관을 거스르는 듯했지만, 훌륭한 교훈을 배웠다.

감정이 격해지기 시작할 때 정신을 집중하고 서두르지 마라.

7. 새벽형 인간되기 챌린지

부문 정신 **유형** 단기로 한 번 도전해 보거나 장기로 매일 해 보기

난이도 7(어려움) **소요 시간** 2시간

무엇을 평소 일어나야 하는 시간보다 2시간 일찍 일어나기.

왜 일찍 일어나는 도전은 단순하지만, 알람이 울릴 때 벌떡 일어나기란 쉽지 않다. 이 도전 과제의 핵심은 정신적 저항을 극복하는 것이며, 더 강하고 절제하는 마음가짐을 수양하기 위함이다. 게다가 하루에 운동이나 독서, 취미 등 유용한 무언가를 할 수 있는 두 시간이 더 주어진다. 목록은 끝이 없으니, 계획을 시작하라.

어떻게 알람을 맞추고 일찍 일어난다. 평소 아침 7시에 일어난다면 알람을 새벽 5시에 설정한다. 보통 6시에 일어난다면 알람을 4시에 맞춘다.

| 1단계 | 아침 몇 시에 일어날지 결정하고 알람을 설정한다. 만약을 대비해 두 번째 알람을 맞추기를 강력히 추천한다.

| 2단계 | 아침에 일어나서 시간을 낭비하지 않도록 미리 계획을 세운다.

| 3단계 | 잠에서 깨어 침대에서 몸을 일으킨다.

| 4단계 | 아침 루틴을 이어간다.

더 어렵게 이 도전을 한 주, 한 달, 일 년 동안 시도한다. 난도를 높이고 싶다면 평소보다 3시간 일찍 일어나 본다.

연구 조코 윌링크Jocko Willink의 저서 『절제는 자유다Discipline Equals Freedom』(국내 미출간)는 대단히 동기 부여가 되는 책이다. 이 전직 미 해군은 어떻게 절제를 창조하고 유지하는지 탐구한다. 윌링크는 매일 일찍 일어나 혹독한 운동으로 하루를 시작한다. 윌링크가 올리는 인스타그램 피드도 아주 흥미롭다. 매일 아침에 일어나서 손목시계 사진을 올린다. 그다지 인상 깊게 들리지는 않겠지만, 얼마간 그를 팔로우하면 그 일관성에 놀랄 것이다. 주말 새벽 4시 기상에는 엄청난 동기 부여와 절제가 요구된다.

작가 팀 페리스Tim Ferriss는 아침 루틴에 관한 방대한 양의 콘텐츠를 보유하고 있으니, 이 역시 탐구해 볼 가치가 있다. '팀 페이스의 아침 루틴Tim Ferriss morning routine'을 검색하고 정보의 미로 속에 빠질 준비를 하라.

내 경험 다양한 매체로 여러 아침 루틴을 배운 후 나는 나만의 아침 루틴을 만들어 1년 동안 해 보기로 결심했다. 절제가 필요하리라는 걸 알았지만 한 해 동안의 도전을 생산적인 방식으로 기록할 시간을 내고 싶었다. 이 경험을 글로 쓰는 것은 나의 개인 프로젝트가 되었고, 여러 가지를 따져보고 브레인스토밍을 거쳐, 하루를 제대로 시작하고 글 쓰는 시간을 확보하는 생산적인 루틴의 윤곽을 그렸다. 루틴은 새벽 5시에 찬물 샤워로 시작한다. 그다음 주전자에 물을 끓이고 20분 동안 명상한다. 그리고 대략 한 시간 정도 글을 쓰고 차를 마신다. 그후에는 자유롭게 필요에 따라 하루 일을 시작한다.

모두 멋지게 들리지만 실제로는 이걸 해내기 위해 정말로 애써야 했다. 우선 루틴이 자리 잡게 하려고 엄청나게 고생했다. 일상처럼 느껴지기까지 몇 주가 걸렸다. 처음에는 힘들었지만, 아침 루틴이 내가 생산성을 높이려고 시작한 일 중 가장 잘한 일이라고 해도 과언이 아니다. 이로써 나는 하루를 완벽히 준비하고, 무슨 일이 일어나든 해낼 준비가 되었다고 느낀다. 당연히 합리적인 범위 안에서다. 나의 루틴으로 곰과의 레슬링, 불 위를 걷기, 칼 삼키기를 준비하지는 못한다.

아침 일찍 일어나는 도전의 강도를 높이기 위해 한 주에 극도로 이른 기상을 중간중간 끼워 넣었다. 수요일은 '알파인 스타트alpine start*'로 시작하게 되었고, 알람을 새벽 4시에 맞춰 앞서 언급한 루틴 전에 운동

---

* 알파인 스타트: 산악인들이 등반을 위해 아침 일찍 일어나는 것

할 시간을 만들었다. 이른 기상을 '알파인 스타트'라고 불렀던 이유는 고산 등반을 할 때마다 빙하를 오르는데 설교(빙하에 난 거대한 구멍 위로 눈이 쌓여 생긴 다리)가 얼어붙은 상태에 건너야 하기 때문이다. 날이 밝으면서 눈에 열이 가해지면 설교는 약해지고, 빙하의 갈라진 틈으로 떨어질 확률이 높아진다(무슨 의미인지 확인하려면 영화 〈버티칼 리미트Vertical Limit, 2000〉를 보라). 등반의 상당 부분이 어둠 속 파삭파삭한 얼음 위에서 이루어지고, 종종 점심시간 전에 등반이 완료된다. 이게 '알파인 스타트'다. 이 이름이 마음에 들어서 수요일을 위해 이름을 훔쳐 왔다. 보통의 수요일은 고산을 오를 때처럼 신나지는 않지만, 적어도 이른 기상에 '알파인 스타트'라는 꼬리표를 붙이니 더 흥미진진하게 보인다. 나만 그런가?

정말로 새벽 4시에 일어나기 싫었던 날이 하루 있었지만, 이날은 눈이 올 예정이란 걸 알고 있었다. 나는 눈을 아주 좋아한다. 알람이 울리기 시작했고 억지로 창문 밖을 살짝 내다봤다. 거대한 눈보라가 몰아치고 모든 게 눈으로 덮여 있었다! 급히 옷을 걸치고 눈보라 속으로 향했다. 눈이 내 주위에 무겁게 내려앉던 그때 런던은 섬뜩할 정도로 조용했다. 정규 근무일인 수요일 새벽 4시에 눈보라가 치는 한 가운데 서 있다는 게 믿기지 않았다. 신기한 경험이었고 매 순간을 온몸으로 느꼈다. 과거에 한 번도 해 보지 않은 일이었고, 이런 도전 덕분에 삶이 변화하고 있다는 사실이 뿌듯했다. 피로는 사라지고 생생하게 살아 있다고 느꼈다.

나는 여전히 이 루틴을 이어가고 있고, 아침을 유리하게 활용할 수 있다는 점이 마음에 든다. 쉽지는 않았지만, 삶이 변화되었다는 데는 의심할 여지가 없다.

배운 점 개인적으로 중요한 일을 할 시간을 내는 건 필수적이다. 이런 시간을 찾고 지키는 건 매우 어렵지만, 개인 프로젝트를 위해 시간을 낸다면 인생에 큰 이익을 얻을 것이다. 나에게는 하루에서 아침이 그렇게 하기에 가장 쉬운 시간이었다. 모두 잠들어 있고, 평화롭고 상쾌한 하루를 시작할 수 있는 정적이 있다. 조금 졸려도 아침에 마음이 훨씬 더 맑고 눈앞에 닥친 과제에 집중할 수 있다.

물론 수면 부족으로 찾아오는 피할 수 없는 피곤함과 싸워야 했고 적게 자는 것 자체가 도전이었다. 어쩌다 한 번씩 일찍 일어나면 그다지 큰 효과는 없고, 꾸준히 일찍 일어나는 일은 어려울 수 있다. 하지만 나는 이렇게 하면서 내 인생에서 가장 생산적인 한 해를 보냈기 때문에 그만한 가치가 있다고 생각한다. **하루를 올바르게 시작하는 것이 얼마나 중요한지 깨달았고, 생산적인 아침을 보내는 경험은 놀라웠다.** 잠자리에 들 때면 너무 피곤해서 사실 더 깊이 자게 되었다. 엄청난 보너스다.

첫 알람 소리에 침대에서 일어나기 힘들 때도 많지만, 이불을 박차고 나와 곧바로 찬물 샤워를 하면 머리가 제대로 돌아가지 않아도 모든 게 빨리 움직이기 시작한다는 걸 알게 되었다. 여러분은 즉시 깨어날 것이다. 새벽 5시에 얼굴에 찬물을 끼얹으면 얼어붙은 청어로 뺨을 한 대 맞은 듯 정신이 들 것이다.

두 번째 알람이 얼마나 중요한지도 알게 되었다. 어쩌다가 다시 잠 들면 두 번째 알람이 나를 구해줄 테니.

8. 이름이 왜 이리 길어?

부문 기술　**유형** 단기　**난이도** 4(쉬움)

소요 시간 1~2시간

무엇을 'Llanfairpwllgwyngyllgogerychwyrndrobwllllantysil-iogogogoch'는 세상에서 제일 긴 기차역 이름이다. 북웨일스는 이 인상적인 기차역의 고향이며, 이번 도전 과제는 이 기차역의 이름을 발음하는 방법을 배우는 것이다.

왜 재미있는 도전 과제다. 배우는 데 집중해야 하고 그 과정에서 여러 가지 어려움에 직면할 가능성이 높다.

웨일스어는 종종 영어에는 흔치 않은 소리를 쓰기 때문에 정확히 발음하려면 연습이 불가피할 것이다. 매우 긴 이름이어서 기억력과 인내심을 시험해 볼 수 있다.

어떻게 단어를 작은 덩어리로 자르는 데서 시작한다. 천천히 그 소리에 익숙해진 다음 연습을 통해 다시 이어 붙이기 시작한다. 웨일스 사람이 설명해 준다면 대단히 도움이 될 것이다.

| 1단계 |　 인터넷으로 해당 단어의 녹음 파일을 찾아라. 자료가 아주 많아서 어렵지 않을 것이다. 이를 기준으로 삼아 참고하면 된다.

| 2단계 |　 아래 발음 안내에 따라 천천히 음절을 붙여 단어를 조합해 본다.

| 3단계 |　 번개처럼 빨리 말할 수 있을 때까지 되풀이하며 연습한다.

| 4단계 |　 웨일스 사람을 찾아 단어를 말해 본다. 반응은 틀림없이 굉장할 것이다!

　지금부터 발음을 해 보자.

'Llanfairpwllgwyngyllgogerychwyrndrobwllllantysiliogogogoch'

LLAN '클란clan'을 목구멍에서 나오는 'ㅋ'을 써서 발음한다. 목을 풀 때나 침을 뱉으려고 할 때 나는 듯한 소리다. 지금부터 이 목구멍소리에 *를 사용하겠다. 여러분이 정확한 소리를 내는지 녹음 파일을 듣고 확인하라.

FAIR '파이어fire'처럼 발음되지만 'v'를 이용해 '바이어vire'라고 발음한다.

PWLL '푸딩pudding'의 '푸' 소리를 내고 나서 첫 번째 LLAN에서 배운 LL 목구멍소리를 바로 다음에 집어넣는다. '푸*'.

GWYN '윈win' 앞에 'ㄱ'을 붙인다. 쉽다. '귄'.

GYLL '기번gibbon'을 쓰지만 뒤에 있는 '번'을 또 목구멍소리 LL로 바꾼다. 그래서 이제 '기*'

GO '곳got'을 발음하듯 '고go'.

GER '케어care'를 'ㅋ' 대신 'ㄱ'을 사용해 말하라. '게어'.

YCH '럭luck'에서 'ㄹ'을 빼고 '억'만 남겨라. 이제 끝에 있는 'ㄱ'을 스코틀랜드 사람이 '로흐loch'를 발음하는 것처럼 목구멍소리 '흐'로 바꾸라. 이제 '어흐'가 되었다. 이건 조금 까다롭다.

WYRN 이건 쉽다. 그냥 '윈win'이라고 하라.

DROB 단어 '드로draw' 마지막에 'ㅂ'을 넣어 '드로브'.

WLL 앞에서 본 '푸*pwll'와 같지만 'ㅍ'을 빼고 시작한다. '우*'

LLAN 첫 부분과 완전히 똑같이 '*안'으로 발음한다.

TY '트윙클twinkle'의 '트'를 사용한다.

SILIO 마지막에 '오'를 붙인 '실리silly'로 발음된다. '고go'에서 쓰이는 것처럼 '오'를 발음해야 한다.

GO '곳got'을 발음하듯 '고go'.

GO 위와 같다.

GOCH 단순히 '고go'의 뒤에 '흐'를 붙여 말하라. 걸쭉한 스코틀랜드 발음으로 '로흐'라는 단어와 비슷한 소리여야 한다.

자, 모든 단어를 붙여 이렇게 발음한다.

안 바이어 푸 귄 기* 고 게어 어흐 윈 드로우브 우* *안 트 실리 오 고 고 고흐

참으로 인상적이다. 잘 모르겠다면 온라인 영상과 기사를 활용해 직면한 문제를 해결한다. 연습할 때 참고할 수 있도록 녹음 파일을 꼭 소지하라.

더 어렵게 철자를 외운다.

발음하기 어려운 말장난이나 다양한 언어의 특이한 단어를 탐구해 볼 수도 있다. 궁극의 도전으로는 표준 중국어로 된, 다음의 까다로운 시를 시도해 본다. '시 씨가 사자를 먹는 이야기The Story of Mr. Shi Eating Lions'를 중국어로 검색해 보라. 이 말장난은 굉장하다. 깜짝 놀랄 준비를 하고 유튜브에서 검색해 보라!

연구 영감을 얻고 싶다면 기상 캐스터 리엄 더턴Liam Dutton(유튜브에서 '리엄 더턴'을 검색하라)이 텔레비전 생방송에서 그 기차역의 이름을 발음하는 걸 보라. 그 속도가 바람직하지만, 연습이 필요할 것이다.

내 경험 나는 이 단어를 배우려고 여러 번 시도했지만, 발음하는 법을 몰라 포기했다. 그때 어느 파티에 갔다가 웨일스 남자에게서 어떻게 말하는지 배웠다. 저녁이 깊어질수록 더 어려워졌다. 결국 포기했지만, 기억력을 시험하는 방법으로 그 단어를 외워보기로 결심했다. 도전 과제로 삼기에 좋은 아이디어 같아 보였다.

발음 설명과 함께 외우기 시작하자, 모두 정말 빨리 진행되어 놀랐다. 집안을 돌아다니며 계속 웅얼거렸고 머릿속에 맴돌기 시작했다. 남들 앞에 내놓을 만한 발음과 속도를 내기까지 시간이 걸렸지만, 온라인 영상이 정말 큰 도움이 되었다.

웨일스 사람에게 이 단어를 말할 때면 항상 활기찬 반응을 얻는다. 웨일스 출신과 이야기하게 될 경우를 대비해 머릿속에 넣어두면 좋을 재미있는 단어다.

배운 점 이 도전 과제를 완수하는 것은 쉽지 않았다. 때로는 확실히 좌절감을 느꼈고, 머리를 정말 많이 써야 했다. 집중력을 요구하고 인내심을 시험하는 아주 좋은 기회였다. 그렇긴 하지만, 몇몇 다른 도전 과제들과 비교해 상대적으로 편안하게 느껴졌다. 사실 이 도전 과제가 마음에 들었고, 컴포트존에서 벗어날 작고 빠른 방법을 생각지도 않은 곳에서 찾을 수 있다는 데서 힘이 났다.

어려운 도전 과제가 다 역대급일 필요는 없다. 그게 이 과제가 정말 마음에 드는 이유다. 단순함이 매력이고, **컴포트존에서 벗어나는 더 작은 방법들을 찾아보도록 가르쳐 준 방식이 좋다.** 배우고 성장하려고 뱀이 득실거리는 비행기에서 뛰어내릴 필요는 없다. 이 과제의 핵심은 스스로 밀어붙일 작고 재미있는 방법을 찾는 것이다. 작은 것도 강력할 수 있다.

9. 장애물 코스 완주하기

부문 신체 **유형** 중기 **난이도** 7(어려움)

소요 시간 오전 하루+훈련 시간

무엇을 장애물 코스 경주를 완주하라. 이 경주는 이동 경로의 여러 지점에 다양한 도전 과제가 놓여 있다. 진흙 구덩이에서부터 등반 구조물까지 다양하고, 이들은 종종 불편함을 견디는 우리의 능력을 시험한다. '터프 머더Tough Mudder*'와 '터프 가이Tough Guy', '스파르타 레이스Spartan Race' 같은 경주는 아주 인기가 많다.

왜 장애물 코스는 자신에게 도전하는 완벽한 방법이다. 전반적인 체력과 새롭고 낯선 도전에 열린 마음, 불편함에 대처하는 정신력이 요구된다.

어떻게 가까운 곳에 있는 장애물 코스를 찾아 등록한다. 이보다 더 쉬울 수는 없다.

---

* 터프 머더: 진흙탕에서 잘 뛰는 말이나 운동선수를 뜻함

| 1단계 | 여러분에게 영감, 두려움, 흥미를 주는 지역 코스나 경주를 찾아 등록한다.

| 2단계 | 경주를 위해 훈련을 시작한다. 균형을 맞추어 운동 유형을 정하라.

| 3단계 | 레이스를 완주한다.

과정은 쉽지만, 실제 경주는 까다로울 것이다. 정신적 지원이 필요하다면 친구들을 설득해 함께하라.

더 어렵게   더 힘든 장애물 코스를 찾는다. 더 긴 코스(일부 코스는 마라톤 길이일 수 있다)와 더 극단적인 장애물을 찾아라. 도전의 난도를 올리기 위해 '터프 가이' 코스를 선택해 봐도 좋다.

연구   '터프 머더'는 지구상에서 가장 유명한 경주 중 하나다. 이 경주에서는 얼음물에 뛰어들고, 진흙탕을 기고, 전기 충격을 받게 된다. 재밌을 것 같지 않나? 온라인 동영상을 찾아보고 그 경주가 어떤 것인지 미리 살펴보라. 전 세계의 각 지역에 어떤 선택지가 있는지 확인해 봐도 좋다.

이제는 전문 선수와 인터넷에 올라와 있는 대표 훈련 프로그램이 굉장히 많다. 시간을 들여 그 현장을 들여다보고 영감을 받아라. 동기부여가 필요한가? 어밀리아 분Amelia Boone을 검색해 보자.

친구 맷은 내 생애 첫 장애물 코스에 함께하고 싶어 했다. 우리 둘 다 시골 마을에서 자랐고 크리스마스를 가족들과 보내려고 고향에 돌아와 있었다. 지역 마을에 막 새로 문을 연 장애물 코스도 확인해 보고 목록의 또 다른 도전에 완료 표시도 할 완벽한 기회 같았다.

장애물 코스에 도착했을 때 우리는 그게 얼마나 야심 찬지 충격을 받았다. MDF 합판(중밀도 섬유판)으로 만든 벽들과 최근 강추위로 인해 생긴 거대한 물구덩이들이 있었다. 코스의 큰 부분이 시냇물 한가운데를 지나고 있었고 그 뒤에는 거대한 진흙 언덕에 대충 세워진 장애물들이 쭉 놓여 있었다. 몇몇 장애물을 자세히 보았을 때, 확실히 안전 검증을 거친 코스같이 느껴지지는 않았다. 못이 여기저기 튀어나와 있었고 대충 만들어진 데다 위험해 보였다. 코스는 정말 괴상했지만, 묘한 도전정신이 생기며 완주하고 싶은 욕구가 불타올랐다.

우리는 준비를 마치고 벽에 붙은 코스 기록을 보고는 새 기록을 내겠다는 의지를 불태우며 빠른 속도로 출발했다. 첫 장애물 몇 가지는 꽤 쉬웠다. 밧줄에 매달리고 큰 타이어 더미들을 올라가는 정도였다. 정말 재미있었고 그다지 까다롭게 느껴지지 않았다. 하지만 그 기분은 얼음물과 진흙으로 가득 찬 터널을 기어가야만 했을 때 바로 바뀌었다. 밖으로 나왔을 때는 온몸이 푹 젖어 진흙 범벅이었다. 그때부터 장애물은 더 어려워졌다. 우리는 진흙 구덩이들 위로 놓인, 언제 부러져도 이상할 게 없어 보이는 큰 사다리들과 마주쳤다. 여기저기에 튀어나와 있는 못에 상처를 입거나 떨어지면 뼈가 부러질 높이에서 균형을 잡아야 했다. 우리는 허벅지 높이의 진흙탕을 어기적어기적 지나 부실한 밧줄을 오르고 거대한 진흙 언덕을 달렸다. 육체적으로 힘들긴 했지만 정말 재미있었다.

무척이나 힘든 코스였고, 결승선에 도착했을 때는 둘 다 완전히 녹초가 되어 있었다. 겨우 몇 분 차이로 코스 기록에 미치지 못해서 꼭 다시 와서 해 보자고 다짐했다. 물론 휴식을 많이 취한 후에 말이다.

장애물 코스는 성공적이었다. 그 여정을 친구와 함께한 것이 도전에 다른 동력을 불러왔다. 사교 행사에 더 가까웠고 경험하는 내내 많이 웃었다. 나는 많은 도전 과제를 혼자 완수하는 데 익숙했기 때문에 반가운 변화였다.

배운 점 흥미로운 상황들을 헤쳐 나가야 했기에, 장애물 코스 완주는 아주 재미있었다. 하지만 코스 내내 엄청난 집중력이 요구되었다. 나는 달릴 때면 멍해지곤 했지만, 여기서는 그럴 수가 없었다. 쉽게 미끄러지고 넘어지고 심하게 다칠 수도 있었다.

때로는 확실히 대담함이 필요했기에 친한 친구의 정신적 지원을 받을 수 있어 감사했다. 코스의 한 특정 부분에, 진흙 구덩이 위로 구간이 긴 정글짐이 있었다. 모두 진흙 범벅이어서 몹시 미끄러웠다. 우리 둘 다 바보처럼 소리 지르고 웃으며 떨어지지 않으려고 애를 쓰면서 정글짐을 건넜고, 그 모습이 정말 웃겼다. **이 도전은 역경에 대처할 때 다른 사람들이 얼마나 중요한지 강조한다.** 혼자도 강하다고 생각한다면 올바른 사

람의 지원을 받을 때 얼마나 더 강해질 수 있을지 상상해 보라. 농담을
나눌 수 있는 친구와 함께여서 이 도전 과제는 훨씬 더 쉬웠다.

10. 내 마음의 소음 끄기

부문 정신 　**유형** 단기 　**난이도** 5(중간) 　**소요 시간** 30분

무엇을 명상은 마음에 집중하고 머릿속을 맴도는 모든 생각의 속도를 늦추도록 시도하는 방법이다. 명상의 목적은 직접적인 환경에 집중하고 생각에 마음을 빼앗기지 않는 것이다. 이번 도전 과제는 30분 명상이다.

왜 명상은 건강에 매우 이롭다. 스트레스를 줄여주고, 어려운 일에 신중하게 반응하게 하며, 수면의 질과 집중력을 높여 주고 자기 인식의 확장을 돕는다. 명상 이면에 있는 과학을 살펴보면 의심이 많은 사람들조차 대부분 명상의 이점에 납득할 것이다. 신경 측정기를 통해 컴퓨터에 연결했을 때, 아주 깊게 명상하는 사람(수도승)의 뇌가 작동하는 방식이 일반 사람의 뇌의 작동 방식과 상당히 다르다는 사실을 알게 될 것이다. 아직 초기 단계지만 이 주제를 더 연구하면 놀라운 결과를 보게 되리라 확신한다.

군인들은 극심한 압박감 속에서 더 침착하게 반응하기 위해 훈련할 때 명상을 활용한다. 전문 운동선수들은 자신의 종목에서 정신적 우

위를 차지하려고 명상을 활용하고, 구글처럼 미래지향적 기업들도 직원들에게 명상을 권장한다. 어떤 학교에서는 명상을 가르치기도 한다.

현재에 더 집중하는 삶을 살면 모두가 이익을 얻을 수 있다. 규칙적으로 명상하면 자연스럽게 일어날 일이다. 이 모든 과정이 주의력을 향상하고 더 절제된 마음가짐을 발전시키도록 도울 것이다. 또한 명상은 매우 어렵다. 불편해서 그만두고 싶을 가능성이 높다. 30분 동안 명상하는 건 대부분 사람에게 대단히 어려운 일이다. 명상에 도전해 볼 확실한 이유다!

어떻게 명상의 종류는 아주 많다. 아래에 시도해 볼만한 단순하고 쉬운 방법을 실었다.

| 1단계 | 방해받지 않을 조용한 장소를 찾는다. 텔레비전, 전화, 컴퓨터 등은 모두 끈다.

| 2단계 | 바닥에 방석을 깔고 앉거나 의자에 똑바로 앉는다(뭐든 가장 편한 방식으로).

| 3단계 | 자세에 주의를 기울이고 척추를 곧게 폈는지 확인한다. 인터넷에서 시각 자료를 검색하여 올바른 자세를 취하는 데 도움을 받는다.

| 4단계 | 타이머를 30분 설정한다.

| 5단계 | 30분 동안 호흡에 집중한다. 들이쉬고, 내쉬고. 반복하라. 정신이 흐트러질 것이다. 당연하다. 하지만 걱정하지 마라. 그게 정상이

다. 집중력을 잃는 게 얼마나 쉬운지 보면 정말 흥미롭다. 딴생각이 들 때마다 수의를 호흡으로 돌려라.

| 6단계 | 이 과정을 타이머가 울릴 때까지 반복한다.

처음에는 안내 명상을 따라 해 보는 게 더 쉬울 수도 있다. 하지만 나는 아무 도움 없이 30분을 오롯이 지금, 여기, 있는 그대로 경험해 보는 것이 훨씬 더 가치가 있다고 생각한다.

더 어렵게 한 달 동안 매일 명상한다. 이 기간에 매일 아침과 저녁 명상을 진행해 보아도 좋다.

한 시간 동안 명상해 보라. 너무 쉬운가? 좋다, 그럼 두 시간. 며칠 동안 진행되는 명상 수련에 참석해 보는 것도 좋다.

연구 탐구해 볼 명상의 종류는 아주 많다. 명상 수행법인 '비파사나Vipassana'나 '좌선Zazen' 중 하나로 시작하면 좋다. 댄 해리스Dan Harris 의 저서 『10% 행복 플러스10% Happier』는 명상의 중요성을 설명한 훌륭한 책이다. 해리스는 미국의 아나운서로, 생방송 중에 공황 발작을 겪은 후에 삶을 다시 통제하는 방법으로 명상을 찾아냈다. 이 책은 비종교적 접근 방식을 보여주기에 무신론자가 읽기에 아주 좋을 것이다.

샘 해리스Sam Harris가 쓴 『깨어나라: 종교가 아닌 영성을 찾아서Waking Up: Searching for Spirituality without Religion』도 현대 사회에서 명상의

중요성을 강조한 훌륭한 책이다. 그가 만든 '웨이킹 업Waking Up'이라는 놀라운 명상 가이드 애플리케이션도 명상법을 배우기에 아주 좋다.

명상은 점점 더 인기를 끌고 있다. 시간을 할애해 지역 명상 커뮤니티를 찾아보라. 아주 많이 있을 테니 멀리까지 찾으러 갈 필요는 없을 것이다.

내 경험 처음 명상을 시도했을 때 나는 처참히 실패했다고 느꼈다. 방석에 앉아 그날 해야 할 일들을 생각하며 30분을 허비했다. 제대로 하고 있지 않았다는 데 정말 짜증이 났고 짜증이 났다는 사실에 또 짜증이 났고… 이 악순환이 이어졌다. 마음을 가라앉히는 게 얼마나 어려운지 믿을 수 없을 지경이었다. 마음은 계속 떠들어대며 쉴 틈을 주지 않았다. 고문과도 같았던 30분이 지나자 나는 완전히 지쳐버렸다. 명상은 긴장을 풀어주는 게 아니던가? 그런 경험은 확실히 아니었다.

하지만 꼭 명상을 내 삶에 받아들이고 싶었기에 포기하지 않았다. 다음번에도 마찬가지로 고통스러웠고, 방석에 앉아 있는 게 정말로 얼마나 불편한지 깨달았다. 너무 고통스러워서 타이머가 울리기를 간절히 바랐다. 내 마음은 바쁘게 돌아갔고, 스스로 마음에서 벌어지는 일을 전혀 통제할 수 없었다. 하지만 이런 산만함과 짜증에도 굴하지 않고 명상을 이어갔다. 결국 명상을 시작하고 10분쯤 지나자 안정되기 시작했다. 거의 기분이 좋아질 정도였고 편안해지는 걸 느낄 수 있었다. 하지만 어느새 나도 모르게 치즈와 피클이 들어간 샌드위치를 먹거나 완전히 쓸데없고 관계없는 무언가를 생각하고 있었다. 도움받을 팁이 필요했다.

　나는 명상에 대해 가능한 한 많이 읽기 시작했다. 공부하던 중, 케이 라슨Kay Larson의 『심장이 뛰는 곳: 존 케이지와 선불교, 예술가 내면의 삶Where the Heart Beats: John Cage, Zen Buddhism, and the Inner Life of Artists』이라는 책을 접했다. 이 책은 음악과 소리에 관한 내 생각을 완전히 바꾸어 놓았고, 나는 책에 나온 개념에 엄청난 영감을 받았다. 존 케이지는 이름난 혁명적 작곡가로, 현대 음악의 얼굴을 바꾸어 놓았다. 케이지는 선불교의 열렬한 팬이어서 자기 작품에 그 요소들을 가져오려고 애썼다. 가장 유명한 작품은 '4분 33초'라는 곡이다. 작품 전체가 침묵이다. 오케스트라 전체가 4분 33초 동안 가만히 앉아 아무 소리도 내지 않는다! 놀랍다. 인터넷에서 BBC 프롬prom*을 찾아 실제 공연을 시청하라.

　이 곡은 많은 사람을 격분하게 했고, 당시에는 믿을 수 없을 정도로 혁신적이었다. 실제로는 케이지가 사람들이 저도 모르게 명상하게 만든 것이었다. 사람들이 음악이 아닌 자기 주변에 귀를 기울이고 우주의 음악을 듣게 했다. 많은 논쟁을 불러일으킨 아름다운 개념이다. 침묵이 어떻게 음악이 될 수 있을까? 우선 앉아서 직접 듣고 확인해 보라. 매우 흥미롭다.

---

* 　BBC 프롬: 런던의 앨버트 홀에서 매년 여름 8주간 진행되는 클래식 콘서트

케이지는 베토벤이나 모차르트 같은 작곡가들의 음악을 들으면 항상 같은 곡이 반복된다는 점을 강조했다. 하지만 찻길에서 나는 소리를 듣는다면 그건 항상 다를 것이다. 그는 정말로 영감을 불러일으키는 마음을 지녔다.

다음 명상 시간에 나는 존 케이지식 접근법을 활용해서 기적을 이뤄냈다. 의자에 앉아 귀를 기울였다. 무엇에도 꼬리표를 달지 않으려 했고 들리는 소리 하나하나에 집중했다. 냉장고는 윙윙 돌아가고 밖에서는 나무가 바스락거렸다. 순간 마음에 시계가 째깍거리는 소리가 들려왔다. 차가 지나가고 비행기가 머리 위로 날아갔다. 소음은 어디에나 있었다. 긴장을 풀고 귀가 자기 맘대로 헤매도록 두자 곧 명상에 완전히 집중할 수 있었다. 대단한 변화였고 상쾌하게 느껴졌다. 나는 이 '집중해서 듣기'를 명상의 주된 방식으로 활용하기 시작했고, 그 이후로 한 번도 되돌아보지 않았다. '4분 33초'는 이제 내가 가장 좋아하는 곡 중 하나다.

배운 점   명상을 시작하면서 나는 마음이 얼마나 쉽게 흐트러지는지 절실히 깨닫게 되었다. 때로는 생각의 폭풍이 몰려오는 듯했다. 이를 알아차리면서 마음이 어떻게 작동하는지 아주 많이 배웠다. 무언가에 불안해하기 시작하면 마음속 생각의 부피가 커지기 시작하는 걸 느낄 수 있다. 그리고 생각이 많아지기 시작하면 통제 불능 상태로 치닫는 게 얼마나 쉬운지 이제는 알 수 있다. 불안감이 절정에 이르렀을 때,

머릿속을 맴도는 생각이 너무 많아서 아무것도 명확하게 생각할 수 없었다. 생각할 공간이 충분치 않아서 상황을 더 악화시켰다.

속도를 늦추고 명상을 하면서 마음에 더 많은 공간이 생기기 시작했다. '마음은 막 흔든 스노볼과 같다'는 말을 어디선가 읽은 적이 있다. 이것이 마음의 끊임없는 상태다. 명상을 하면 눈이 가라앉아 실제로 스노볼 안에 무엇이 있는지 보이기 시작한다. 소나무와 선물 상자들이 놓인 오스트리아의 예쁜 마을이었으면 좋겠다. 이 여정을 시작하기 전에 내 마음에는 눈보라가 치고 있었던 게 틀림없다. 명상은 이런 태도를 바꾸는 데 아주 중요한 역할을 했다. 명상을 알게 된 데 정말로 감사한다.

나는 아침 일과의 일부로 매일 명상을 하려고 노력한다. 며칠간 연달아 명상을 하지 않으면 정말 큰 차이가 느껴진다. 문제에 응답하기보다 반발하고 더 쉽게 화를 낸다. 명상하지 않을 때는 인내심이 줄어드는 것 같다. 아주 눈에 띄게 달라진다. 최근 한 달 정도 명상을 하지 않았다. 공간과 정적을 규칙적으로 마련하지 않자, 마음이 어떻게 느끼는지 확실히 자각하게 되었다. 그 뒤로 명상을 열망하기 시작했다.

명상은 모두에게 필수라고 믿는다. 우리는 끊임없이 우리의 주의를 빼앗는 극도로 바쁜 세상에 살고 있다. 휴대폰과 소셜 미디어가 주의를 빼앗고 예쁜 색깔과 끈질긴 알림으로 우리를 유혹한다. 현대 사회는 우리의 관심을 요구한다. 어떻게 대처할 수 있을까? **명상을 통해 우리**

는 스스로 공간을 개척하고 이에 대응할 수 있다. 정보의 과부하로부터 재충전할 시간을 갖고 마음에 휴식을 주는 일은 중요하다. 명상은 마음을 훈련하는 훌륭한 수단으로, 매우 강력할 수 있다. 나는 명상이 삶을 얼마나 윤택하게 바꿀 수 있는지 보았고 여러분도 그렇게 되기를 진심으로 바란다.

11. 종이 한 장으로 만든 예술

부문 기술　**유형** 단기　**난이도** 5(중간)　**소요 시간** 몇 시간

무엇을 종이접기는 종이를 아름답고 흥미로운 물체로 접는 기술이다. 이번 도전 과제를 위해서는 종이학을 접는 방법을 배워야 한다. 종이학은 접은 사람에게 행운을 가져오고, 천 마리를 접으면 소원이 이루어진다는 전설도 있다.

도전해 볼만하지 않은가!

왜 배워두면 좋은 기술이다. 어려운 지시 사항을 따라야 하고, 각 모형을 접는 법을 배운 후에는 기억력을 시험당할 것이다.

섬세함과 정밀함이 요구되는 종이접기는 번거롭고 지지부진한 특성이 있다. 완벽한 정신 훈련이다. 때로는 복잡해지기도 해서 집중력이 요구된다. 한 번만 잘못 접어도 학이 순식간에 사고당한 새가 된다.

어떻게 종이학은 모두 정사각형 종이로 만들어지니 시작하기 전에 색종이를 준비하라. 대부분 종이접기 책은 전형적인 예시로 학을 소개할 것이다. 인터넷에서 동영상을 검색해 봐도 좋다.

| 1단계 | 색종이를 구입하거나 A4 용지를 가위로 잘라 정사각형 종이를 몇 장 만든다.

| 2단계 | 인터넷에서 종이학 접는 법을 찾아보거나 종이학 예시가 들어 있는 종이접기 책을 구한다. 유튜브도 활용할 수 있다. 선택지는 아주 많다.

| 3단계 | 주의해서 지시 사항을 따라 해 본다.

| 4단계 | 첫 번째 종이학을 접은 후에는 그 과정을 암기하기 시작한다.

더 어렵게   전설을 좇아 종이학 천 마리를 접어본다.

　　종이접기는 터무니없이 어려울 수 있다. 인터넷에서 '고급 종이접기'를 검색해 보라. 사람들이 종이로 뭘 할 수 있는지 알면 깜짝 놀랄 것이다. 종이학 접는 법을 이미 알고 있다면 그중 하나를 직접 해 본다.

연구   수건 접기의 놀라운 세계를 탐험해 보라. 수건을 동물이나 패턴, 물체로 접는 방법을 배워라. 닭으로 시작해 보면 아주 좋다.

　　화폐 접기도 종이접기의 변형으로 대단히 흥미롭다. 플라스틱 소재가 아닌 지폐로 사람들이 무얼 할 수 있는지 믿을 수 없을 정도다. 시간을 할애해 무엇이 가능한지 살펴보라.

　　과자 봉지 접기도 찾아보라. 빈 과자 봉지를 흥미로운 무언가로 접어보라. 전형적인 과자 봉지 접기 모양은 삼각형이다. 어떤 일정한 방식으로 과자 봉지를 접다 보면 마지막엔 정돈된 삼각형이 될 것이다. 온라인 동영상과 설명서를 보고 기술을 습득해 보라.

냅킨(화장지도 괜찮다)을 사용해 장미를 만들 수도 있다. 특정 방식으로 냅킨을 돌돌 말고 꼬아서 아름다운 냅킨 장미를 만들 수 있다. 다음 로맨틱한 약속을 위해 찾아 보고 나중에 나에게 고마워하라.

내 경험 조금 답답할 때도 있지만, 종이접기 배우기는 아주 재미있었다. 어떤 종이접기는 지시 사항을 따라 하는 게 쉽지만, 어떤 것은 극도의 문제해결 능력이 필요하다. 항상 이해하기가 쉽지 않고 도표도 헷갈릴 수 있다. 어려운 종이접기를 될 때까지 하는 건, 특히 그걸 기억해서 해 보는 건 정말 어려울 수 있다.

나는 매일 새로운 모델을 접을 수 있는 종이와 함께, 종이접기 과제가 담긴 달력을 받았다. 이 과제가 아주 마음에 들어서 매일 내 기술을 발전시키기 시작했다. 번거로운 작업에 임하는 능력과 그 작업이 어려워졌을 때 포기하지 않는 능력이 시험대에 올랐다. 종이접기 작품 몇 개는 구겨진 종이처럼 보여서 언제나 웃음을 자아냈다. 10분에서 15분 정도 집중해서 복잡한 종이접기를 마쳤는데 초등학생이 실패한 프로젝트처럼 보인다면 웃을 수밖에 없다.

한동안 종이접기 달력을 따라 해 본 결과, 여러 단계가 있긴 해도 종이학이 꽤 접기 쉽다는 사실을 알게 되었다. 외워서 접을 수 있게 되었고 가는 곳 어디든 종이학을 남겨 놓게 되었다(누군가에게는 아마 꽤 짜

불편함에 편안함을 느껴라

증 나는 일이겠지만).

종이접기를 할 때 세부 사항에 주의를 기울이는 일은 엄청나게 중요하다. 성의 없이 하면 바로 민낯을 드러내고 결과는 당혹스럽다. 이건 삶에 대한 멋진 은유이며 내 심장에 가까이 두고 싶은 것이다. **무언가를 하려고 한다면 제대로 하고 능력껏 최선을 다하라.** 시간이 좀 더 걸릴 수도 있지만, 최선의 노력을 기울인다면 그 안에 가치가 있다.

12. 마이크 앞에 서는 용기

부문 정신　**유형** 중기　**난이도** 10(매우 어려움)

소요 시간 최대 30분이지만, 준비가 많이 필요할 것이다(1주일).

무엇을 모르는 사람들을 청중으로 두고 연설한다.

왜 무대 공포증은 많은 사람이 겪는 일반적인 공포증이다. 죽음, 벌레, 비행 공포증과 함께 가장 흔한 공포증으로 높은 순위를 차지한다. 시간을 할애해 통제된 환경에서 대중 연설을 연습하면 많은 사람 앞에서 연설할 때 더 능숙해지고 자신감이 생길 것이며, 오바마와 대적할(이건 장담할 수 없다) 웅변 기술도 발전시킬 수 있다.

대중 연설은 향상하면 대단히 좋은 기술이며, 업무 관련 행사(회의 및 발표)와 사적인 중요 행사(결혼식 주례 및 건배사)에 직접 적용해 볼 수 있다.

어떻게 대중 연설을 발전시킬 기회는 아주 많다. 인터넷을 검색해서 기술을 연습하고 다듬을 수 있는 지역 연설 행사를 찾아보라. 보통 이런 행사들은 참석하는 사람 모두에게 앞에 나가 정해진 주제로 5분에서 10분 정도 말할 수 있는 기회를 준다.

| 1단계 | 연설을 연습할 행사에 가입한다.
| 2단계 | 관심 있는 주제로 짧은 연설을 준비한다.
| 3단계 | 행사에 출석해 발표 전 긴장을 경험하고 대처해 본 후 연설한다.

다가오는 가족 행사에서 연설을 자원하거나 직장에서 무언가를 발표하겠다고 지원하는 일도 대안이 될 수 있다. 근본적으로 자기 계발이라는 명목으로 불구덩이로 자신을 내던지는 것이다.

연설을 해 볼 곳을 정말로 찾을 수 없다면 붐비는 공공장소를 찾아가 연설을 시작하라. 당연히 어렵고 자신감이 필요할 것이다.

연설 자료를 준비할 때 연습과 잘 짜인 내용을 철저히 혼합하기를 권한다. 청중이 여러분의 연설에서 무엇을 배워갈지 고려하고 거기에 집중하라. 이제 중요한 건 여러분이 아니라 메시지를 전달하는 일이다.

더 어렵게 자신감이 넘치는 연설자라면 경험이 없는 주제에 대해 연설해 보라. 기술적이거나 조사가 필요한 것도 좋다.

다른 능력이 요구되는 말하기와 공연을 고려하라. 스탠드업 코미디가 대안이 될 수 있다. 누구나 참여할 수 있는 스탠드업 코미디는 분명히 자신감이 넘치는 연설자들조차 불안하게 할 것이다. 웃겨야 한다는 부담은 가중되어 상황을 더 어렵게 만들 것이다. 맨 앞 두 줄에 과일과 채소를 건네주고 웃기지 않으면 자신을 향해 던지라고 요청할 수도 있다. 압박감은 당연히 올라간다.

소규모 공연장은 어떤가? 여러분이 어떤 사람이냐에 따라, 모르는 사람들로 가득한 곳에서 진심 어린 공연을 하기는 어려울 수 있다. 심지어 한 단계 더 나아가, 일부러 노래를 엉망으로 해서 공연을 망쳐볼 수도 있다. 이런 식으로 당혹감을 느끼는 연습을 해 보면 어떨까? 스토아 철학자 카노처럼 말이다. 내 친구는 미트로프Meatloaf의 노래 '지옥을 나온 박쥐Bat out of Hell'를 아주 우스꽝스럽게 불러 그곳에 있던 사람들을 뒤로 나자빠지게 했다. 시간과 장소에 맞지 않은 친구의 도를 넘은 열정적 공연은 청중을 혼란에 빠뜨리거나 심지어 겁을 먹게 했다. 친구에게는 도전이라고 할 수도 없었지만, 다른 사람들에게는 이런 종류의 과장된 공연이 도전일 거라 확신한다. 한번 해 보지 않겠나?

연구 테드 토크TED talks는 항상 커다란 영감을 주고 대중 연설의 정점을 보여 준다. 인터넷에서 이 중 몇 편을 시청하여 동기를 부여받고 그 과정에서 몇 가지 팁을 얻어라.

카민 갤로Carmine Gallo의 책 『어떻게 말할 것인가: 테드 명강연에 숨겨진 소통과 설득의 마법Talk Like TED: The 9 Public Speaking Secrets of the World's Top Minds』은 사람들로 가득한 곳에서 연설할 때 자신감을 높이는 데 도움을 준 책이다.

짧은 연설을 할 수 있는 지역 동호회를 찾아보라. 이곳에서 기회를 얻을 수 있다면 준비는 끝났다.

내 경험 이 도전 과제는 내 업무와 잘 들어맞아 비교적 익숙한 환경에서 대중 연설을 연습하게 해 주었다. 과거에 나는 직장에서 발표해야 할 일이 생기면 항상 극심하게 긴장하고 그 환경을 겁내며 전날 밤에는 잠을 이룰 수조차 없었다. 이번에는 내 '역경의 해' 덕분에 사정이 달라졌다.

최근 낯선 사람들로 가득한 곳에서 발표할 기회가 주어지자 나는 그 기회에 과감히 뛰어들었다. 이 기회를 나 자신을 컴포트존에서 밀어낼 또 다른 방법으로 활용하려 노력했고, 실제로 발표하기를 기대했다. 발표를 열심히 준비했고 자료에 대한 자신감이 생기기 시작했다. 몇 번의 연습을 거치고 난 후, 발표할 준비가 되었다. 데이브 올레드의 『압박의 원칙』을 읽고 발표 준비 과정에서 도움을 받았고, 그 결과 기적을 만들어냈다. 데이브 올레드는 잉글랜드 럭비팀과 많은 최고 골프 선수가 압박감 속에서도 실력을 다할 수 있도록 지도했다. 이 책에 소개된 몇몇 조언에 정말 공감했다. 그래서 발표의 '기회'에 초점을 맞추고 긴장감을 좋은 자극으로 바꿔 계속 집중할 수 있었다.

발표는 성공적이었다. 발표하는 내내 자신감을 잃지 않았고 진행된 방식에 아주 만족했다. 발표 전에 조금 긴장했지만, 더없이 좋은 훈련이었다. 발표 후에는 진정한 성취감을 느꼈고 이 기술을 더 연마하기 위해 자신을 더 밀어붙이고 싶어졌다.

배운 점　　발표를 준비할 때 가장 중요한 조언은 아버지로부터 받았다. 거의 평생을 배우로 활동한 아버지는 많은 관객 앞에서 말하고 연기하는 데 익숙했다. 아버지는 수년간 웨스트 엔드_{West End}*에서 주역으로 활동했고, 그곳에서 다른 많은 요령과 함께 연설 기술을 완벽히 터득했다. 아버지의 조언은 이랬다. 상체에 힘을 주지 마라. 불안하거나 긴장될 때 그 힘을 목이나 배, 가슴에 주지 마라. 여기에 힘을 주면 불편해 보이고 움직임과 소리 전달에 방해가 된다. **힘을 모두 엉덩이로 보내라.** 이렇게 하면 아무도 그 긴장을 보지 못하고 상체의 긴장도 풀릴 것이다. 긴장했더라도 편안해 보일 것이다.

　　대단한 조언이다! 처음에는 아버지가 나에게 장난친다고 생각했지만, 사실 지독히 진지했던 걸로 드러났다. 그리고 실제로 이게 먹혔다. 발표나 공연을 하게 되는 일이 있다면 긴장을 엉덩이로 옮기는 것은 엄청난 차이를 만들 것이다. 시도해 보라.

＊　웨스트 엔드: 런던 웨스트 엔드 지역의 큰 공연장들을 통칭하는 말로, 미국에 브로드웨이가 있다면 영국에는 웨스트 엔드가 있다

13. 모르면 더 재밌다!

부문 정신 **유형** 중기 **난이도** 5(중간)

소요 시간 일주일에서 한 달

무엇을 익숙하지 않은 주제를 다룬 기술적이거나 어려운 비소설을 읽는다.

왜 새로운 것을 배우거나 컴포트존 밖에 있는 진보적 개념을 다루는 것은 아주 좋은 도전 방법이다. 이해하기 어려운 무언가를 찾는 일은 불편할 것이고 명확히 이해될 때까지 시간이 걸릴 수도 있다. 이 도전 과제는 여러분의 참을성과 결단력을 시험할 훌륭한 방법이다.

기술적인 책을 읽는 건 매우 어려울 수 있다. 전부 이해하지 못할지도 모르지만, 핵심은 어쨌든 끝까지 다 읽는 것이다. 알맞게 어려운 책을 고르도록 하라. 매우 복잡하고 답답하여 그만 읽고 싶어질 책을 골라야 한다. 가급적 책을 읽다가 방 저쪽으로 던져버리고 싶게 만드는 책이 좋다. 이런 것들이 우리가 훈련하고 싶은 감각이다. 어렵고 기술적인 무언가를 읽다 보면 바보처럼 느껴질 수도 있다. 하지만 그 누구도 스스로 멍청하다고 느끼고 싶어 하지 않는다. 스토아학파는 이런 감정을 연습하고 바보처럼 느끼게 하는 정신적 장애물을 극복해야 한다고 처음으로 주장했다. 이 시점부터 중요한 것은 우리가 무엇을 배울 수 있는가이다.

어떻게 도전의 첫 번째 단계는 쉽지만, 두 번째 단계는 그다지 쉽지 않다.

| 1단계 | 서점으로 찾아가 의도적으로 가장 불편한 분야의 책이 있는 구역으로 가서 평소에는 절대 읽지 않을 책을 선택한다. 두께에 질려 겁부터 나는 책일수록 좋다.

| 2단계 | 집으로 가서 책의 앞면부터 뒷면까지 몽땅 읽는다. 한 단어도 빼지 않고!

더 어렵게 친숙하지 않은 주제의 고급 교과서를 읽어본다. 학위 이수 목록에 있는 책이면 충분하다.

연구 스티븐 호킹의 『짧고 쉽게 쓴 시간의 역사A Brief History of Time』가 좋은 출발점이 될 것이다. 꽤 짧은 책이지만 아주 기술적이다.

데카르트의 『성찰Meditations on First Philosophy』은 정말 뇌가 녹아내리게 한다. 방정식처럼 읽히고, 때로는 판독이 불가능하다(적어도 나에겐 그랬다). 데카르트는 '나는 생각한다. 고로 나는 존재한다.'라는 구절로 유명하다. 이 책을 읽고 나서, 나는 벤저민 호프Benjamin Hoff의 '나는 생각한다. 그러므로 혼란스럽다.'라는 인용문이 머릿속에 떠오르는 걸 느꼈다.

우표 수집을 상세히 다룬 책은 어떤가? 틀림없이, 책을 끝내기는커녕 깨어 있는 것 자체가 도전일 것이다(만약 여러분이 엄청난 우표 수집가라면 사과한다).

내 경험 이 특별한 도전을 위해 나는 브라이언 콕스Brian Cox 교수의 『퀀텀 유니버스The Quantum Universe』를 읽기로 했다. 양자역학에 대한 기술적이고 까다로운 책이다. 잘 쓰인 책이지만, 관련 내용과 수학은 대략 물리학과 1학년 수준에 해당한다. 나처럼 이쪽 배경지식이 없는 누군가에게는 끝까지 읽기에 매우 어려운 책이었다. 때때로 절벽에서 책을 바다로 던져버리는 게 합리적인 선택처럼 보였지만 그러면 패배를 인정하는 게 될 터였다. 방정식이 많아 괴로웠고, 그걸 분석하는 데 너무 오랜 시간을 허비했다. 또한 나와 아무 관계도 없고, 어떤 실용적인 정보도 얻을 수 없는 책을 왜 읽고 있는지 자문하는 데 오랜 시간을 보냈다. 이런 의심이 모두 훌륭한 정신 훈련이었다.

결국 그 책을 완독했고, 사실 꽤 만족스러웠다. 내용이 어려워 그만 읽기는 아주 쉬운 일이었을 거다. 방정식은 머리에 하나도 남아 있지 않지만, 그 과정에서 몇 가지 지식을 얻었고 크게 좌절하지는 않았다. 책을 태우거나, 찢거나, 바다에 던져버리지 않았다. 스스로가 대견하다.

배운 점 　지적 컴포트존 밖에 머무는 것의 어마어마한 가치를 알게 되었다. 스스로 도전하지 않으면 성장할 수 없고, 이는 내가 읽은 책의 기술적 수준에도 적용된다. 아주 어려운 책만 읽는 습관을 들이지는 않겠지만, 항상 다음에 읽을 어려운 책을 정해놓을 것이다. 전혀 경험한 적 없는 분야의 지식일 수도 있고, 내가 아주 잘 아는 주제의 아주 기술적인 책일 수도 있다. 어느 쪽이든 가끔 읽을 때 열심히 읽어야 하는 책이면 좋다. 책에서 특별한 정보를 많이 얻지 못한다 해도 **그 내용을 이해하려고 노력하고 도전을 끝까지 해내는 과정이 내가 감당해야 할 또 다른 훌륭한 정신적 장애물**이다.

14. 근육에 불을 붙여라

부문 신체   **유형** 단기   **난이도** 9(매우 어려움)

소요 시간 1시간

무엇을 운동을 더 어렵게 만들어 난도를 올린다. 트레이닝 마스크나 중량 조끼를 사용할 수 있다. 운동할 때 하나씩 따로 적용해 보거나 궁극의 도전을 위해서는 둘을 접목해 본다.

트레이닝 마스크는 폐로 가는 산소의 흐름을 제한하는 마스크로, 필터를 통해 산소를 공급받으려면 더 세게 호흡해야 한다. 이 모든 과정이 몸을 공기층이 얇고 신체적으로 힘든 고산지대에 있는 것처럼 만든다.

중량 조끼는 기본적으로 작은 무게추를 채운 조끼다. 몸이 무거워져서 뭘 하든 어려워진다.

왜 때로는 운동이 그렇게 힘들지 않다, 안 그런가? 자, 중량 조끼를 입고 트레이닝 마스크를 쓰면 시작부터 힘들어진다. 운동할 때 가중된 신체적 어려움과 싸우려면 정신적으로 강해질 필요가 있다. 운동을 더 어렵게 만드는 빠르고 비교적 쉽고 재미있는 방법이다.

또한 마스크를 쓰고 헬스장에서 운동하거나 밖에서 뛸 때, 혹은 자전거를 타며 바보가 된 기분이 드는 잠재적 보너스를 얻을 것이다. 이는 더 강해지기 위해 자신을 밀어붙이고 있는 것이다. 바보가 된 기분이 또 다른 조그마한 정신적 저항을 주기를 바란다.

어떻게 운동에 이 발상을 처음 도입할 때 주의하라. 어느 유산소 운동이건 이런 장비들을 추가하여 어렵게 만들 수 있지만, 그러면 정말 힘들어진다. 5분 동안 해 본 후에 나를 증오하지 않으려면, 조금씩 늘려가라. 정말 어려울 테니 마음에 새겨라.

더 어렵게 트레이닝 마스크를 쓰고 운동하면 육체적으로 매우 힘들다. 그에 따르는 위험성을 인지하고 천천히 적응해 가는 게 좋다. 요가로 천천히 시작한 다음 헬스장에서 인터벌 트레이닝interval training*이나 빨리 달리기를 해 보라.

중량 조끼를 입고 장거리 달리기나 자전거 타기를 해 본다. 궁극적으로는 두 가지(조끼와 마스크)를 결합해 도전해 보라.

연구 나는 이 도전에 '고지 트레이닝 마스크'를 사용했지만 선택지는 아주 많다. 조금만 조사해도 수많은 선택지가 주어질 테니 예산

---

* 인터벌 트레이닝: 고강도, 저강도 운동을 반복하는 훈련 방식

에 맞춰 선택하라.

나만의 중량 조끼를 만드는 방법을 알려주는 유튜브 영상도 아주 많다. 창의력을 발휘하고 싶다면 참고해 봐도 좋다.

세상에는 다양한 종류의 중량 조끼가 아주 많다. 인터넷을 잠깐만 검색해도 예산에 상관없이 폭넓은 선택지가 주어질 것이다.

내 경험 친절하게도 헬렌이 생일 선물로 트레이닝 마스크를 사주었다. 트레이닝 마스크를 처음 받았을 때, 나는 마스크를 착용하고 지나치게 열정적으로 힘든 운동을 했다. 그리고 그 후 한 시간 동안 어두운 방에 머물며 지옥 같은 두통에서 벗어나려 발버둥 쳐야 했다. 이로 인해 고강도 운동은 천천히 해야 한다는 교훈을 얻었다.

트레이닝 마스크는 요가 같은 운동을 훨씬 더 격렬하게 할 수 있도록 도와주는 도구로, 나는 가벼운 운동을 할 때 마스크를 자주 사용하기로 했다. 진정한 도전을 원할 때면 마스크를 쓰고 동기 부여 음악을 틀어놓고 자신을 한계까지 밀어붙일 것이다. 이건 빠르고, 쉽고, 죽도록 힘들다. 완벽한 도전이다.

지역 클라이밍 센터에 있는 중량 조끼를 사용하기 시작했다. 쉬운 경로로 오르고 턱걸이와 기본 운동만 해도 조끼를 입고 하면 훨씬 더 힘들어진다. 조끼를 벗는 순간 몸이 매우 가볍게 느껴지고 놀랄만한 기분이 든다.

얼마 전 마트에서 중량 조끼를 판매하는 걸 봤다. 나는 조끼를 재빨리 장만했고 이제 집에서 마스크와 조끼를 동시에 사용할 수 있게 되었다. 이런 종류의 운동은 잔인할 만큼 힘들지만, 나는 이 점이 마음에 든다. 착용 모습이 웃기기도 해서 거울에 비친 내 모습을 보면 웃음이 절로 나온다.

배운 점 신체적 한계를 배우는 과정은 계속된다. 트레이닝 마스크와 중량 조끼는 통제된 환경에서 자신을 밀어붙이는 아주 좋은 방법이다.

처음에는 마스크 사용에 대해 약간 걱정했고, 그래서 금방 불편해졌다. 불편함이 절정에 달하면 그만두고 싶은 강한 충동이 느껴져서 이 감각에 맞서는 방법을 배웠다. 스스로 '다섯 번만 더'나 '30초만 더' 같이 더 작은 목표를 설정하여 계속하도록 자신을 밀어붙일 수 있었다.

나는 이런 상황에서 '덧없음'이라는 불교의 개념을 나를 이끌어주는 빛으로 활용하려고 노력한다. 신체적으로 어려움을 겪을 때면 이것 또한 지나갈 테고, 곧 쉴 수 있다고 자신에게 상기시킨다. **이 고통도 변하리라는 것은 잊지 말아야 할 중요한 교훈이다.** 이로써 자신을 밀어붙일 수 있다. 고통이 일시적이라는 본질에 집중하면 고통과의 관계를 바꾸는 데 도움이 된다.

나는 운동을 싫어했고, 이 운동은 '기분 좋다'는 생각을 하기가 정말 어려웠지만, 확실히 강한 마음을 유지하는 데 큰 도움이 되었다. 힘든 운동을 한 후 나오는 엔도르핀은 정신 건강에 극도로 도움이 되고, 내 불안에도 상당한 변화를 불러일으켰다.

15. 두려움과 싸우기

부문 정신　**유형** 장기　**난이도** 10(매우 어려움)

소요 시간 몇 시간 또는 최대 1년

무엇을 혼이 달아날 정도로 무서운 무언가를 고르고 그 두려움을 극복하라. 사람들이 무서워하는 것의 목록은 턱없이 길고 사람마다 다를 것이다. 마음에 떠오르는, 아주 분명한 무언가를 다뤄보라고 제안하겠다. 방금 마음이 외쳤던 그것, 바로 그거다.

정복하고 싶은 게 여러 가지 있을지 모르니 목록을 적어보고, 가장 겁나는 것을 먼저 공략하라.

사람들이 흔히 겪는 두려움의 대상으로는 비행, 헌혈, 병원, 대중연설, 파티, 치과, 벌레, 엘리베이터, 뱀, 지하, 작은 공간 등이 있다.

왜 두려움을 극복하면 마음이 강해지고 자신감이 올라갈 것이다. 여러분은 철저히 개인적인 무언가를 마주할 것이고, 인생에서 이 장애물을 극복하는 방법을 배울 것이다.

어떻게 두려운 것에 노출되면 그 두려움에 둔감해지는 데 도움이 된다. 예를 들어 병원이 무섭다면 병원을 찾아가라. 광대가 무섭다면 서커스를 보러 가라. 비행기를 타는 게 무섭다면 어딘가 가까운 데로 가는 비행기표를 끊어라. 무엇이 여러분을 불편하게 하는지 알아보는 데 시간을 투자하고 그걸 똑바로 보라. 타란툴라를 손으로 잡아보고 계단 대신 엘리베이터를 이용하라.

이 책에서 완수하기 가장 어려운 도전 과제가 될 수도 있지만, 그렇기에 엄청나게 성장할 가능성도 따라온다. 이 도전으로 삶을 바꿀 수 있다. 가장 두려운 무언가를 공략해서 여러분에게 최악의 의심과 공포를 극복할 능력이 있다는 걸 스스로 증명할 것이다. 자신에게 얼마나 강력한 잠재력이 있는지를 바로 보게 되고 삶이 던지는 어떤 일에도 대처할 준비가 될 것이다.

이 도전 과제에 주의하며 천천히 헤쳐 나가라. 책을 읽고, 시간을 들여 두려움의 패턴을 어떻게 끊어내야 하는지 인터넷에서 조사해 보면 도움이 될 것이다. 특히 강력한 두려움이나 공포증을 뚫고 나아가는 데 전문가의 도움을 받아도 좋다. 처음에는 꼭 가볍게 시작하고 주위 사람들이나 치료사에게 도움을 요청하라. 여러분을 아는 사람들은 두려움에 대처하는 여러분을 자랑스러워할 테고, 이는 다른 사람들이 자신의 문제를 해결하기 시작하도록 영감을 주리라 믿어 의심치 않는다.

| 1단계 | 도전할 두려움을 정한다.

| 2단계 | 두려움을 공략할 전략을 연구하고 고안한다.

| 3단계 | 가장 무서운 무언가에 자신을 노출하기 시작한다. 천천히 시작해서 좀 더 편안해지면 더 많이 노출한다.

| 4단계 | 두려움에 시달리는 시간을 늘리면서 3단계를 반복한다.

| 5단계 | 두려움 속에서 긴장을 풀어본다. 자신도 모르게 그 불가능한 일을 해내고, 이전에는 두려움을 느꼈을 무언가를 극복했을 것이다. 말로 하기가 실제로 하기보다 훨씬 쉽긴 하지만.

거미 공포증의 예:

| 1단계 | 나는 거미가 싫다. 이게 내가 다뤄볼 두려움이다.

| 2단계 | 반려동물용품점에 가서 타란툴라를 눈으로 직접 보고 손으로 잡아보겠다.

| 3단계 | 오늘은 그냥 5분간 쳐다만 보겠다.

| 4단계 | 좋다, 2라운드다. 이제 겁먹지 않고 타란툴라의 다리를 찔러볼 수 있는지 시험하겠다. 점원을 불러 타란툴라를 유리 상자에서 꺼내줄 수 있는지 물어보는 게 좋겠다. 이제 간다. 생각했던 것만큼 끔찍하지는 않았다. 어쩌면 타란툴라를 실제로 잡아볼 수 있을지도.

| 5단계 | 타란툴라가 내 손 위로 기어 온다. 숨을 들이쉬고 내쉬고…. 와, 해냈다. 사진을 찍어 이 모습을 남겨야겠다!

위의 예시는 간단하지만 두려움에 대한 노출이 얼마나 서서히 작동하는지 전체적인 흐름을 보여 준다. 두려움에 노출되는 시간이 길어

지면 두려움은 변한다. 행운을 빈다.

더 어렵게 두려움을 느끼게 하는 모든 것들을 살펴보고 체계적으로 목록에 있는 두려움을 다루어본다.

또는 아는 사람이 두려움을 극복할 수 있도록 돕는다. 광대로 분장하거나 함께 비행기를 타줄 수도 있다.

연구 수전 제퍼스Susan Jeffers의 『자신감 수업Feel the Fear and Do It Anyway』은 훌륭한 책이다. 아무리 추천해도 지나치지 않은 이 책은 여러분이 겪고 있을지 모를 어떤 두려움과 공포증을 헤쳐 나가도록 도와줄 것이다.

독특하고 생소한 공포증이 아주 많다. 포고노포비아pogonophobia(수염 공포증)는 특히 흥미롭다. 사람들이 가지고 있는 두려움 목록을 살펴보면, 그게 흔하든 흔하지 않든 두려움을 가지는 것이 인간이라는 존재의 완벽히 평범한 부분임을 알 수 있다. 나는 두려움을 탐구하면서 이를 깨닫고 꽤 안심했다. 여러분도 그러길 바란다.

인터넷은 공포증 극복과 관련해 매우 유용한 정보로 가득한 훌륭한 재원이다. 탐험해 보라.

내 경험 두려움과 공포증은 우리가 사는 세상을 축소 시키고 제한된 삶을 살게 하는 능력이 있다. 12년 전쯤 나는 만성 비행 공포증을 겪었다. 파리에서의 휴가를 선물 받아 런던에서 파리로 가는 비행기표를 손에 쥐었다. 하지만 두려움으로 비행기에 탈 수 없어서 대신 유로스타 기차표를 아주 비싸게 구입해야 했다. 여행은 악몽으로 바뀌었고 엄청난 돈과 에너지, 시간을 낭비했다. 이 끔찍한 경험을 하면서 스스로 커다란 한계를 느꼈다. 그때 나는 두려움이 이기게 두었다. 두려움을 제대로 보지 않고 그게 내 삶을 좌지우지하게 내버려 두었다. 이 두려움과 싸우지 않았다면, 나는 비행기를 타야 하는 곳에는 영원히 가지 못할 운명이었을 것이다.

이 문제를 해결한 방법은 끊임없는 노출을 통해서였다. 짧은 비행으로 시작해서 억지로 그 경험에 익숙해지도록 했다. 하면 할수록 그 경험은 나라는 존재의 평범한 부분이 되어갔다. 시간이 지나면서 손에 땀을 쥐지 않고 비행기의 이륙과 순항, 착륙을 즐기게 되었다.

그 후 12년 동안 나는 지구 곳곳으로 날아다녔고 비행기를 타는 걸 정말 좋아하게 되었다. 비행기가 나를 새롭고 영감을 주는 곳으로 데려가 줄 것을 알기에 비행기를 타는 건 너무 신나는 일이었다. 런던에서 시드니까지 24시간 동안 비행기를 타고 간 적도 있지만 아무 문제도 없었다. 페루의 쿠스코로 날아가, 상상할 수 있는, 가장 요동치는 비행기를 타고 6,000미터 높이의 산 사이로 이리저리 비행해 본 적도 있지만 평정을 잃지 않았다. 세계 곳곳으로 가는 장거리 비행기를 셀 수 없이 많이 탔고 태도도 완전히 바뀌었다. 이 변화는 두려움을 마주한 결과였다.

심각한 불안에 시달릴 때 비행 공포증이 다시 나타났다. 곧 여행을 갈 예정이어서 비행기를 탈 걱정에 한숨부터 나왔다. 유럽으로 가는 짧은 비행이었지만 걱정이 커지는 걸 느낄 수 있었다. 하지만 이 책에 있는 도전 과제들로 역경을 연습하기 시작하면서 곧 다가올 비행을 바라보는 시각이 완전히 달라졌다. 그건 또 다른 도전이 되었다. 과거에 더 긴 비행을 한 적이 있으니, 이 두려움은 전에도 극복한 적이 있던 것이었다. 다시 말에 올라타야 하는 상황이었지만 나는 과감히 접근했다. 자신에게 도전하는 또 다른 훌륭한 방법으로 비행을 바라보자 커다란 차이가 생겨났다. 결국 그 비행은 환상적이었다.

이후 나는 마음속에 자라나기 시작한 다른 두려움을 찾기 시작했다. 오랫동안 미뤄왔던 치과에 가기로 했다. 그 생각을 하니 흥분과 공포로 가득 찼다. 하지만 어쨌든 진료를 받았고, 치과에 다녀온 후 충치 치료를 받으러 다시 치과를 방문해야 했다. 살면서 치아를 때워 본 적이 없었고 치료를 위해 치과에 여러 번 가야 한다고 생각하니 속이 불편해졌다. 그날의 대부분을 치과 걱정을 하며 보내다가 결국 생각을 정리할 수 있었다. 두려움과 걱정으로 마음이 얼마나 복잡해지는지, 그게 정말 놀랍다. 스토아학파의 대답이 유일한 선택지였다. 상황에 저항하는 것은 화가 나고 비참한 일이었기에 그저 받아들여야만 했다. 나는 치과를 예약하고 도전을 받아들였다. 달리 뭘 할 수 있었겠는가?

대기실에 앉아 치료실에서 들려오는 드릴 소리를 들으며 긴장감을 느꼈다. 불편한 기분이 들었지만, 자제력을 기르는 연습을 할 수 있었다. 솔직히 말하자면 자제력의 대부분은 창밖으로 도망가 버려서 두려움에 잡아먹히지 않도록 온 힘을 다해 싸워야 했다. 당시 다시 읽고 있던 스토아 철학자, 오렐리우스의 책 『명상록』을 꺼냈다. 정말 공감했던 부분을 다시 찾아볼 수 있도록 책 안의 문구에 밑줄을 그었었다. 눈에 띈 구절은 이렇다.

"모두 어떻게 인식하느냐에 달렸다. 통제권은 당신에게 있다. 소수점을 반올림하는 것처럼 뜻대로 오해를 덜어낼 수 있다. 평온하고 완전히 고요하며 안전하게 머문다."

나는 상황을 필요 이상으로 훨씬 더 안 좋게 만들고 있었다. 치료실로 불려 가면서 이 구절을 계속 되뇌었다. 긴장되었지만 그 위에 걱정을 또 한 겹 더하지 않으려 노력했다.

치료가 끝났을 때는 천하를 얻은 기분이었다. 겁나는 일을 해냈고 그 경험을 끝마쳤다. 엔도르핀이 흐르고 있었고 진정한 안정을 느꼈다. 다음에 치과에 갔을 때는 처음보다 훨씬 더 자신감이 들었고 더 잘 대처했다. 그 경험에 더 익숙해졌을 때 그와 관련된 두려움은 줄어들었다. 직접 대면해 대처하는 게 바로 그 방법이다.

배운 점 이 도전 과제에서 배울 점은 두려움을 똑바로 응시하는 것이다. **두려움에 압도당할 때마다 가장 좋은 결과를 얻은 건 항상 내가 그 두려움**

과 정면으로 싸울 때였다. 이렇게 하기는 정말 어렵지만, 이것이 두려움에 성공적으로 대처할 수 있었던 유일한 방법이었다. 문제를 피하는 건 효과가 없고, 상황을 필요 이상으로 훨씬 더 악화시킬 뿐이다.

　이 조언을 받아들이고 언제나 두려움을 정면에서 응시하기가 쉬웠다면 좋겠지만, 그렇지는 않았다. 매번 어려웠다. 하지만 이 상황에 대처하는 방법이 정말로 딱 하나 있다는 사실을 이제는 안다. 앞에 있는 도전을 마주하는 게 나의 유일한 선택지다. 간단히 말해, 이것이 정말 불편함에 편안해지는 방법을 배우는 것이다.

16. 24시간 동안 금식하기

부문 정신 **유형** 중기 **난이도** 6(중간) **소요 시간** 24시간

무엇을 금식은 정해진 시간 동안 음식을 먹지 않는 과정이다. 매년 수백만 명의 사람이 종교적인 이유나 식이요법을 이유로 금식한다. 이번 도전 과제는 24시간 동안 금식하는 것이다.

왜 금식은 몸을 해독하는 아주 좋은 방법이 될 수 있다. 힘들고 불편하기도 해서 정신적으로 강해야 한다.

배가 고프면 우리는 원초적인 상태가 된다. 쉽게 화가 나고, 몸의 반응에 예민해지며, 즉각적인 해결책을 간절히 원하게 된다. 이 모두가 훈련해 보기 아주 좋은 것들이다.

어떻게 저녁때까지 아침과 점심, 간식을 모두 거른다. 하루 종일 물을 충분히 마셔서 수분을 유지한다.

| 1단계 | 금식할 날을 정한다. 금식에서 오는 감각에 대처하는 데 집중할 수 있도록 쉬는 날에 도전해 보는 것을 추천한다.

| 2단계 |　금식을 시작하기 전날 저녁을 먹고 초읽기에 들어간다. 먹는 걸 중단한 시간을 기록하고 나면 모든 준비가 끝난다. 저녁때부터 잘 시간까지는 쉬울 것이다.

| 3단계 |　자고 일어나 아침을 거르고 물을 많이 마시기 시작한다.

| 4단계 |　점심을 거르고 계속해서 물을 마신다. 무리하지 말고 몸 상태를 관찰하라. 불편하겠지만 굳세게 버텨내야 할 것이다. 기분이 급격히 변하고 '행그리'한 상태가 될 가능성이 높다는 사실을 인식하라. '행그리'는 '헝그리(배고픈)'와 '앵그리(화난)'가 섞인 상태로, 모두 금식하는 과정의 일부이다.

| 5단계 |　오후 내내 가능한 한 최대한 주의를 분산하고 24시간을 채운다.

| 6단계 |　몸이 받아들이기 힘들 테니 음식을 먹지 않고 24시간을 보낸 걸 축하하려고 거대한 만찬을 먹지 말라. 머리는 더 먹으라고 꼬드기겠지만 금식 후에는 섭취하는 양에 주의하라. 줄어든 몸무게만큼 파스타를 먹을 수 있다고 느껴져도, 파스타를 2킬로그램 요리하는 일이 아마 최선은 아닐 거다.

더 어렵게　더 오래 금식한다. 몸이 견딜 수 있는지 살피며, 전문가에게 조언을 구한다. 금식에 도움을 받고 과정을 진행하는 동안 머무를 수 있는 단식원도 있다. 자신을 정말로 밀어붙이고 싶다면 고려해 보라.

장기간 금식하는 도전으로, 간헐적 단식을 일주일 루틴에 규칙적으로 도입해 볼 수도 있다.

연구 '케토 다이어트Ketogenic diet'와 '케토시스ketosis*' 상태로 몸을 전환하는 것이 얼마나 유익한지 살펴본다. 금식으로 이 과정이 진행될 수 있고, 과도하게 축적된 지방을 소모해 신체가 기능하기 시작하는 시기를 말한다. 이 과정은 매우 경제적이고 장기적인 에너지 방출과 체중 감소를 유발한다. 흥미로운 주제다.

생활 방식으로 하루 한 번 식사를 실행해 온 사람도 많다. 윔 호프(아이스맨)도 하루에 한 번 식사하며, 이 식이요법의 열렬한 팬이다. 시간을 들여 삶에 '시간제한 다이어트'를 도입할 방법을 알아보라.

단식원은 인기가 높아지고 있다. 사는 지역에 어떤 선택지가 있는지 알아보라.

'16:8 식이요법(16시간을 단식하고 8시간 동안 식사하는 방식)'을 살펴보고 간헐적 단식의 경이로운 세계를 발견하라.

내 경험 처음 금식했을 때, 음식을 섭취하지 않고 얼마나 오래 버틸 수 있는지 알 수가 없었다. 아침을 거르고 늦은 점심을 먹어 즉시 18시간을 완수했다. 끝날 즈음 어려워지긴 했지만, 거의 힘이 들지 않았다. 배고픔을 피하려고 녹차를 계속 마셨고 나 자신에게 놀랐다. 나는 실

---

*   케토시스: 포도당 대사를 하는 몸이 지방 대사로 바뀜

제로 '금식'을 해 볼 생각은커녕 식사를 거른다는 생각도 해 본 적이 없었나. 이 발상은 나에게 미친 짓, 내가 절대 할 수 없을 것 같은 일로 보였다. 하지만 또 내가 틀렸다.

일주일 루틴에 천천히 금식을 도입하고 일요일에는 더 길게, 수요일과 금요일에는 조금 짧게 금식했다. 16~18시간 금식은 기분에 큰 변화가 생기지 않을 정도로 아주 쉬워졌다.

18시간을 넘기고 아침과 함께 점심까지 거르기 시작하면서 어려워졌다. 너무 힘들어서, 최악의 상황에 대비해 비상식량을 가까이 두어야 한다는 심리적 압박감을 느꼈다. 금식하면서 위장이 비고 이전에 경험한 것과는 다른, 탄산이 빠지는 듯한 느낌을 받았다. 고통스럽다기보다 낯선 느낌이었다. 쉽게 짜증이 났고 에너지 수준도 뚝 떨어졌다. 시간이 지나면서 급격히 어려워지다니 놀라울 뿐이었다. 심한 두통이 생겼고 도전을 계속하려고 온 힘을 다해 싸워야 했다. 그렇게 자신을 밀어붙이는 건 불편했고, 금식이 끝나가면서 이 감각에 대처하느라 깊이 파고들어야 했다. 음식을 섭취하지 않고 24시간을 보내는 것은 좋은 정신적 도전같이 느껴졌다. 금식을 깨고 치즈와 도넛, 감자칩을 게걸스럽게 먹는 상상을 멈출 수 없었다. 하지만 24시간을 견뎌냈고 도전이 끝난 후 음식을 먹으며 축하했다.

나는 이제 과식하면 소화 체계에 휴식을 주는 방식으로 금식을 활용한다. 아침을 거르고 식사 가능 시간을 최대한 제한하려고 노력한다. 이렇게 하면 몸이 가벼워지고 그 과정에서 활력을 얻는 경향이 있다.

배운 점 금식하도록 스스로 밀어붙이면서 금식에 대한 내 생각이 즉시 달라졌다. 스스로 장벽을 만든, 또 하나의 전형적인 사례다. 경험은 예상했던 것과 달랐고 몸은 놀랍도록 잘 적응했다. '행동을 먼저, 생각은 나중에'의 태도로 더 자주 새로운 경험에 뛰어들 수 있다면 나는 어마어마한 이득을 얻을 것이다. 이 도전이 얼마나 힘들지 인식하고, 그 생각에 사로잡히기는 아주 쉬웠다.

또한 배고픔의 고통이 어떻게 오고 가는지 배웠다. 더 이상 버틸 수 없을 것 같고 위장이 쓰리다가, 결국 그 느낌은 지나갈 터였다. 하지만 배고픔의 정점에서 이걸 기억해 내는 데는 연습이 필요하다. 고통은 항상 변하고 일시적이다. 앞에서도 했던 얘기다.

배고파질 때 기분이 어떻게 변하는지 관찰하는 건 흥미롭다. 나는 확실히 참을성이 없어지고 사소한 일에 쉽게 짜증을 낸다. 기분이 얼마나 쉽게 바뀔 수 있는지 인식하면 큰 도움이 된다. 금식은 몸 안의 화학적 상태에 따라 기분이 어떻게 반응하는지 직접 보여주었다. 이건 꽤 분명하지만, 이 개념을 정말로 받아들이기 위해서는 실전 경험이 필요했다. 이로써 '잘못되었다'라고 느낄 때 더 빨리 해결책을 찾게 되었고 이제 기분을 바꾸는 방법을 더 잘 알게 되었다. **간단한 질문 몇 가지만 하면 기분이 안 좋은 이유의 밑바닥에 더 빨리 닿을 수 있다.** 식사한 지 얼마나 됐지? 잠은 충분히 잤나? 운동을 했나? 단순한 문제, 단순한 해결책이다. 핵심은 자기 인식의 감각을 더 높게 발전시키는 일이었다. 이는 배워야 할 대단히 가치 있는 교훈이었다.

17. 낯선 이에게 건네는 한 마디

부문 정신 **유형** 단기 **난이도** 2(아주 쉬움) **소요 시간** 5분

무엇을 전혀 모르는 사람에게 말을 걸어 대화를 시작한다. 얼마나 오래 대화할 수 있는지 보라. 이 만남에서 실제로 새로운 친구를 사귀면 보너스 점수가 주어진다.

왜 누군가에게 아무 이야기나 하려고 접근하는 건 부끄럽고 어려운 일일 수 있다. 여러분이 낯선 사람들을 대하는 데 얼마나 자신감이 있는지에 달렸긴 하지만, 엄청난 정신적 저항과 맞닥뜨리게 될 것이다. 내향적인 성격이라면 이 도전 과제의 난이도는 10, 외향적인 성격이라면 1일 수 있다. 기억하라, 모두 상대적이다.

어떻게 이 도전은 정말 간단하고 시간도 오래 걸리지 않는다.

| 1단계 | 모르는 사람을 찾는다.
| 2단계 | 대화를 시작한다. 어색한 분위기를 깨는 데는 그 지역에 관해서나 오늘 뉴스에 나온 내용을 묻는 방법이 있다. 대화를 시작하는

불편함에 편안함을 느껴라

대본 같은 게 있으면 유용할 수도 있다. 마음을 열고 사람들에게 먼저 자신에 대해 이야기하면, 그들도 여러분을 믿고 소통할 가능성이 더 높다.

더 어렵게 일주일 동안 매일 모르는 사람에게 말을 걸고 어떤 일이 일어나는지 본다.

길에서 아무에게나 말을 걸어 새 친구를 사귀어 본다. 이는 궁극의 도전이다.

이미 자신감이 있는 사람이라면 사람들에게 이상한 반응을 얻을 일들을 하는 것으로 이 도전 과제를 더 어렵게 만들 수 있다. 예를 들어 아주 잘하지 못하는 사투리로 누군가와 대화를 시작해 보라. 꽤 오글거리는 짓이어서 생각만 해도 아주 불편해진다. 가능한 한 부끄러운 짓을 하면서 사람들이 어떻게 반응하는지 보라.

누군가에게 다가가 그들이 얼마나 아름다운지 말해 볼 수도 있다. 대신 소름 끼치지 않는 방식이어야 한다. 하지만 이렇게 하려면 엄청난 자신감이 필요하다. 반응은 걱정하지 말고 그냥 모르는 사람에게 친절한 말을 하는 데 집중하라.

연구 데일 카네기Dale Carnegie의 『인간관계론How to Win Friends and Influence People』은 주위 사람들과 친밀감을 더 발전시키도록 도와주는 책이다. 모르는 사람에게 어떻게 다가가면 되는지 몇 가지 아이디어를 제공할 것이다.

'누구와도 대화하는 방법'은 아주 많은 책과 기사에서 다룬 개념이다. 이런 자료들을 읽고 대인 관계 기술을 확장하기 시작하라. 수전 케인Susan Cain의 저서 『콰이어트: 시끄러운 세상에서 조용히 세상을 움직이는 힘Quiet: The Power of Introverts in a World that Can't Stop Talking』은 놀라운 책으로 내향적, 외향적 역학 관계를 탐구한다. 내향인과 외향인 모두에게 이 책을 꼭 읽어보기를 권한다.

내 경험　나는 사람들이 자신을 드러내지 않는 경향이 있는 런던에 살고 있어서 그 영향을 받았다. 밖에서 누군가와 즉흥적으로 대화를 시작하는 것이 이해되지 않았다.

런던 지하철에는 서로에게 말을 거는 사람이 정말 없어서 무작위로 누군가에게 말을 거는 행동은 이런 반응을 불러올 수 있다. '이 정신 나간 사람은 누구야? 마약이나 술을 했거나 사기를 치려는 게 틀림없어.' 이게 확실히 내가 생각했던 방식이고, 많은 사람이 똑같이 느낄 것이다. 맞다, 어리석은 생각이지만 모르는 사람이 지하철에서 말을 거는 장면을 보는 일은 드물다. 나는 런던에 오랫동안 살았지만 이런 일은 정말 흔치 않다.

내 '역경의 해' 동안 런던에서 일을 하고 있던 아버지는 우리집에서 함께 지냈다. 부모님은 런던에 살지 않았고, 한때 도시에서 많은 시간을 보냈지만 지금은 진정한 시골 사람이 되었다. 시골에서는 사람들이 서로에게 말을 건다. 믿을 수 없겠지만 그렇다.

아버지는 일을 마치고 집에 오면 지하철에서 사람들과 나눈 대화를 전부 나에게 들려주었다. 나는 말문이 막혔다. 아버지는 지하철을 타고 오는 여정 대부분을 모르는 사람과 이야기하는 데 보냈다. 나는 런던 사람들이 이에 어떻게 반응할지 겨우 상상만 할 수 있을 뿐이었다. 아버지가 모르는 사람들과 나누는 대화에서 영감을 받아, 나는 이것이 자신을 즉각적으로 불편하게 만들 아주 좋은 방법이라고 결정했다.

처음에는 낯선 사람들과 짧은 대화를 나누는 것부터 시작해서, 점차 알지 못하는 사람들과 이야기하는 데 더 능숙해졌다. 이제 이 일이 어쩌면 쉬운 듯 들릴지도 모르지만, 전혀 모르는 사람과 즉흥적으로 대화를 시작하는 데는 자신감이 많이 필요하다. 힘든 도전이었지만 훌륭한 도전이기도 했다.

나와 같은 주차장에 차를 주차한 남자와 주차장에 관한 대화를 나눈 적이 있다. 실제로 훌륭한 대화로 발전했다. 처음 대화의 물꼬가 트이면 그다음은 너무 쉬워서 놀라웠다.

시간이 지나면서 모르는 사람에게 말을 거는 데 더 자신감이 생겼다. 보이는 모든 사람에게 말을 걸고 다니지는 않겠지만, 모르는 사람과 더 긴 대화를 나누기 위해 노력할 것이다. 확실히 더 연습하고 싶은 기술이다.

배운 점 **먼저 시작하는 사람이 되어라.** 사람들은 내가 믿었던 것보다 훨썬 더 친절하고 일반적으로 대화를 꺼리지 않는다. 나는 아무도 이 실험을 선뜻 받아들이지 않을 것으로 생각했지만, 그렇지 않아 정말 놀랐다.

모든 것은 인식에 달렸다. 모두가 자신만의 영역 안에 있는 듯 보였지만, 많은 부분이 내가 상황을 바라보는 방식이었다. 대부분 사람은 그냥 자기 일을 계속하고 싶어 하지만, 그렇다고 대화하지 않겠다는 의미는 아니다. 나는 당연히 모두 나와 같을 거라 여기고 개인적으로 장벽을 세웠다. 실은 그렇지 않았다. 여러 차례 서먹한 분위기를 깨보면서 직접 경험하게 되었고, 그 경험은 내가 사람들과 소통하는 방식에 변화를 불러왔다. 무작위 대화를 수도 없이 해왔고, 이제 언제든 모르는 사람에게 말을 건다. 예전의 나는 움츠러들었을지 모르지만, 이 도전 이후 자신감이 더 커졌다고 느낀다.

18. 짧지만 강렬한 전력 질주

부문 신체 **유형** 단기 **난이도** 7(어려움)
소요 시간 준비 시간 포함 1시간

무엇을 왕복 달리기는 체력 수준을 측정하는 방법이다. 스포츠팀이나 군대에서 심폐지구력을 측정할 때 종종 사용한다. 방법은 삼각콘 두 개를 20미터 간격으로 놓고 그 사이를 달리는 것으로, 다음 경적이 울리기 전에 각 삼각콘에 도달해야 한다. 경적은 단계가 올라가면서 점점 더 빨라지고 전 과정은 20분 정도 지속된다. 왕복 달리기를 끝까지 하려면 체력이 정말 좋아야 한다.

이 도전 과제의 목적은 왕복 달리기를 얼마나 잘 해낼 수 있는지 확인하고 결과를 기록하는 것이다.

왜 현재 자신의 체력을 판단하는 아주 좋은 방법이고, 높은 점수를 받으려면 좋은 수준의 폐활량이 필요하다.

방향을 바꾸다 보면 지치겠지만 민첩함이 향상될 것이다. 힘든 도전이어서 정신력으로 버텨야 할 것이다.

어떻게 왕복 달리기를 끝내는 데는 여러 가지 방법이 있다. 아래 방법이 가장 단순하고 힘도 거의 들지 않는다.

| 1단계 | 스마트폰이나 태블릿에 왕복 달리기 애플리케이션을 내려받는다.

| 2단계 | 이제 공간을 찾아(동네 공원이면 충분하다) 삼각콘이나 혹은 대체할 만한 물건으로 지점들을 표시하고, 왕복 달리기를 얼마나 오래 할 수 있는지 본다.

더 어렵게 왕복 달리기를 두 번 완주하고 이전 기록을 경신하라.

연구 인터넷에서 잠깐만 검색해 보아도 왕복 달리기 애플리케이션이 넘쳐난다. 여러 종류의 애플리케이션을 사용해 보며 본인에게 맞는 것을 선택한다.

내 경험 이 도전 과제는 꽤 간단히 끝냈다. 휴대폰에 왕복 달리기 애플리케이션을 내려받아 동네 공원으로 갔다. 줄자로 20미터를 재고 삼각콘 대신 티셔츠 두 장을 놓았다.

처음 티셔츠 사이를 뛰기 시작했을 때는 할 만한 듯했고 자신 있었다. 하지만 금세 상황이 바뀌어 나는 천식 걸린 바다코끼리처럼 숨을 가쁘게 몰아쉬고 있었다. 얼마 지나지 않아 포기하기 직전까지 갔고 경적을 따라가려고 몸부림쳤다. 그렇게 짧은 운동에 체력은 고갈되었고, 나는 당황했다. 왕복 달리기를 마치고 휴식을 취하고 나서야 다시 생각할 수 있었다. 힘들다는 말로는 부족하다.

왕복 달리기에서 가장 어려웠던 부분은 방향을 바꾸는 것이었다. 멈추었다가 다시 뛰는 것을 여러 번 반복하니 너무 많은 에너지가 필요해서 정말로 진이 빠졌다. 방향 전환이 누적된 결과로 그렇게나 지치다니 어처구니없다.

이 경험은 전반적으로 힘들었지만 즐거웠다. 앞으로도 빠른 신체적, 정신적 훈련이 필요할 때 이 도전을 활용할 작정이다.

배운 점 왕복 달리기는 힘든 도전이지만 매우 유용했다. 이제 심폐지구력을 측정하는 데 활용할 수 있는 훌륭한 체력 기준이 생겼다. 앞으로는 결과를 비교하고 진행 상황을 추적 관찰할 수 있을 것이다.

왕복 달리기는 비교적 짧지만, 확실히 강력한 효과가 있다. 비교적 편리하지만 요구사항이 많은, 이 짧지만 격렬한 도전이 마음에 든다. 이같은 신체적 도전은 통제된 환경에서 한계에 도달하는 훌륭한 방법으로, 한 해 동안 철저히 훈련해 온 자제력과 의지력 근육을 활용하게 한다.

이런 상황에서 **신체적 어려움을 겪을 때마다 높아지는 자신감을 느낀다.** 이와 비슷한 도전을 더 많이 할수록 정신적 저항에 더 잘 대처하게 될 것이다.

19. 핸들 잡고 자신감 업!

부문 기술 **유형** 단기 **난이도** 6(중간) **소요 시간** 오전 반나절

무엇을 자동차를 운전하면서 차가 미끄러질 때 제어하는 법을 배운다. 스키드팬skidpan*에서 코스를 완주해 본다. 스키드팬은 기본적으로 미끄러지는 차를 제어하는 연습을 할 수 있는 물에 젖은 넓은 공터다. 오래된 비행장을 이용하는 경우가 많고, 통제된 환경에서 기술을 익힐 수 있다. 강사가 있어서 여러분에게 기술을 가르쳐 줄 것이다.

아직 운전하지 않는다면 이 도전을 목표로 운전을 배워보아도 좋다. 고카트는 괜찮다. 여러 가지 선택지가 있으니, 대안이 필요하다면 창의력을 발휘해 보라.

왜 통제 불능의 차를 다룬 경험이 있으면 자신의 목숨을 구할 수도 있다. 이 기술은 잠재적 사고를 피하도록 도울 수 있으며, 그래서 매우 유용하다.

상당히 전문적인 기술이며 길에서 연습하기에는 힘들다. 또한 비

---

*   스키드팬: 젖은 노면 운전 서킷

교적 빠르게 자신을 컴포트존에서 밀어낼 아주 좋은 방법이다.

어떻게 가까운 곳에서 운영 중인 수업을 예약한다. 미끄러지는 차를 제어하는 방법과 갑자기 발생할 수 있는 다양한 상황에 대처하는 방법을 배울 것이다.

| 1단계 | 인터넷을 검색해 지역에 있는 스키드팬을 찾는다.
| 2단계 | 수업을 예약한다.
| 3단계 | 수업에 참석한다.

미끄러지는 차를 제어하는 주요 방법은 운전대를 차가 도는 방향으로 돌리는 것이다. 처음에는 직관적이지 않게 느껴질 수 있으므로 연습이 필요하다. 미끄러지는 방향으로 운전대를 돌리다가 반대 방향으로 돌려 통제 불능으로 회전하는 차를 멈춰야 한다. 작동 원리를 이해하려면 실제로 경험해야 하는 '실전 기술'이다.

더 어렵게 레이싱 서킷에 도전해 본다. 보통 서킷을 돌며 차를 운전해 보는 '드라이빙 스쿨'에 참여할 수 있다. 속력을 높이고 차가 어디까지 수용할 수 있는지 가르쳐 줄 누군가와 함께 차에 타게 될 것이다. 각 '경험'은 다르지만, 다양한 방식으로 여러분을 시험할 것이다. 스턴트 드라이빙 스쿨에 도전해 보는 것도 좋다.

대형 면허 취득도 고려하라. 대형 차량(대형 트럭, 화물차, 버스 등)을 몰기 위해서는 상당한 연습이 필요하다. 코스를 이수하고 다수의 시험을 통과해야 할 것이다. 필요한 기술을 발전시키는 데 시간이 걸릴 수도 있지만 결국에는 대형 트럭을 운전할 수 있게 될 것이다.

연구 다양한 기술을 가르쳐주는 고급 운전 코스가 아주 많다. 스턴트 운전, 방어운전, 자동차 경주를 포함한다. 다양한 운전 코스를 시도해 봐도 재미있을 것이다. 가까운 곳에 있는 코스를 알아보고 참가해 보라.

고카트는 운전 환경에서 아드레날린을 끌어모으는 저렴하고 빠른 방법이다. 사는 지역에 있는 고카트 트랙을 찾아보고 경주에 참여하라.

내 경험 생일에 스키드팬에서 운전해 볼 수 있는 쿠폰을 선물로 받았다. 스키드팬은 해 볼 생각조차 못 해 본 것이어서 깜짝 놀랐다.

도착한 후 간단한 지시 사항과 안전 수칙을 안내받았다. 참가자 모두 제동과 가속이 차 안에서 무게를 어떻게 이동시키는지, 차가 움직이는 방식에 어떤 영향을 미칠 수 있는지 배웠다. 많은 설명과 팁이 주어졌고, 우리 모두 강사의 말에 주의 깊게 귀를 기울였다. 그 후에는 차량과 스키드팬에서 연습할 때 우리를 감독할 강사가 배정되었다.

연습할 구역은 삼각콘으로 표시되어 있었고, 큰 고리 모양이었다. 고리 아랫부분, 지시 사항을 들은 장소와 가장 가까운 곳에 트랙 전체로 물을 뿌리는 호스가 있었다. 우리가 미끄러지는 차를 제어하는 연습을 할 곳이었다.

차량을 한 줄로 세우고 한 명씩 차례대로 시도했다. 강사들은 뭘 해야 하는지 보여주고 운전대를 건네주었다. 출발하려니 겁이 났고, 처음 몇 번은 차가 통제 불능으로 회전했다. 나는 마리오 카트 64 게임에서 미끄러지는 차를 운전하는 데 재주가 있었기 때문에 이 상황에 짜증이 났다. 한 시간이 지나면서부터 미끄러지는 차를 더 잘 제어하기 시작했다. 미끄러지는 차를 어떻게 적절히 운전하는지 느끼자 훨씬 쉬워졌다.

배운점 나는 이 놀라운 경험에서 정말 많은 것을 배웠다. 왜인지 모르지만 직접 하기 전에는 극도로 긴장했다. 하지만 젖은 노면에서 운전을 시작하자마자 긴장감이 사라졌다. 재미있는 경험이었다. 새로운 기술 하나를 얻었고 운전자로서 능력이 매우 향상되었다고 느꼈다.

다른 사람이 나에게 준 도전 과제였다는 게 아주 흥미로웠다. 선물로 받았다는 의미는 내가 이 경험에 어떤 통제력도 없다는 말이었다. 단지 참석해서 코스를 마치면 되었다. 나는 뭐든지 통제하기를 정말 좋아해서, 이 경험으로 **내려놓고 흐름에 맡기는 게 얼마나 중요한지 배웠다.** 외부 사건에 대한 자신의 반응만 통제할 수 있다는 스토아 철학 원칙이 여기에서 떠올랐다.

이 도전 과제는 다른 사람들의 영향력이 얼마나 중요한지 보여주기도 했다. 나 스스로는 이런 아이디어를 떠올리지는 못했을 것이다. 협력은 멋지지만, 자기 경험을 기꺼이 다른 이들과 공유할 때만 가능해진다. 내 도전과 불안에 관해 모든 것을 공개적으로 이야기해 왔기 때문에 이렇게 멋진 선물을 받았다.

20. 아드레날린, 날 깨워줘!

부문 정신   **유형** 단기   **난이도** 9(매우 어려움)

소요 시간 몇 시간

무엇을 가슴에 싸한 감각과 마른 입, 뱃속에서 뭔가 파닥거리는 느낌을 경험한다. 이게 우리가 원하는 감각이고, 이를 분출하는 방법은 아주 많다. 이번 도전 과제의 핵심은 몸을 아드레날린에 노출해 이 화학 물질을 관리하는 능력을 훈련하는 것이다.

왜 아드레날린의 감각을 관리하는 법을 배우는 건 중요하다. 무언가에 긴장이 된다고 그냥 허물어져 버리면 안 된다. 침착함을 기르는 가장 좋은 방법은 규칙적으로 아드레날린을 경험하는 것이다. 신체가 이 화학 물질에 어떻게 반응하는지 알게 되면 그 감각에 더 익숙해지고 더 효과적으로 관리할 수 있게 된다. 연습하면 신체가 명백히 두려워할 때 더 신중한 태도로 반응하고 더 나은 결정을 내릴 것이다. 무서운 상황에서 도망치는 일은 더 이상 없다.

어떻게 아드레날린을 발생시켜 혈관으로 퍼져나가게 하는 방법은 아주 많다. 심장을 마구 뛰게 하는 활동을 고르면 된다. 아래 두 가지 선택지가 있지만 본인에게 맞는 도전으로 확장하라.

| 선택 1 | 놀이공원에 가서 가장 크고 가장 무서운 놀이기구를 탄다. 거대한 놀이기구에 타려고 줄을 서서 기다리는 건 정신력을 키우고 체내 아드레날린의 감각에 익숙해질 수 있는 아주 좋은 방법이다. 잠깐만 인터넷을 검색해 봐도 아주 많은 선택지를 얻을 것이다. 이제 해야 할 일은 놀이기구를 타고 벌벌 떠는 일뿐이다.

| 선택 2 | 다이빙대에 올라 수영장으로 뛰어내린다. 10미터는 매우 높아서 아드레날린이 솟구칠 것이다. 올림픽 다이빙대(표준 높이 10미터)가 있는 지역 수영장을 찾아 물에 뛰어들기만 하면 된다.

더 어렵게 선택지 1과 2를 하루에 끝낸다.

한 단계 더 나아가고 싶은가? 그러면 스카이다이빙에 도전해 보라. 가까운 지역이나 이국적인 곳에서 할 수도 있다. 어느 쪽이든 비행기에서 뛰어내려야 한다.

번지 점프는 어떤가? 강철 심장을 가진 사람도 번지 점프는 만만치 않을 것이다.

연구 캐니어닝은 자연적으로 생긴 물웅덩이와 협곡, 워터 슬라이드 같은 폭포를 지나는 액티비티다. 아드레날린을 분출하는 활동이어서 마음의 평정을 훈련할 기회가 아주 많다. 전 세계에 널리 퍼져 있으니 가까운 곳에 있는지 알아보고 참가 신청하라.

이 글을 쓰는 시점에 세계에서 가장 큰 번지 점프는 미국 콜로라도 주에 있고 321미터에 달한다.

수영장에 간 〈미스터 빈〉 에피소드를 보라. 10미터 다이빙대에서 뛰어내리려는 미스터 빈의 시도는 정말 웃기다. 그보다는 더 품위 있게 이 상황을 받아들이길 바란다.

사는 지역의 스카이다이빙 체험도 많은 것을 느끼게 해 줄 것이다.

시간을 할애해 지역 놀이공원을 찾아보라. 전 세계적으로 알아볼 곳이 정말 많다.

내 경험 나는 친구 제임스와 딥워터 솔로잉 deep water soloing을 하고 있었다. 보호 밧줄 없이 오르다가 떨어지면 바다에 빠지는, 클라이밍의 한 종류로 위험하게 들리는 만큼, 실제로도 확실히 위태롭다. 하지만 우리는 비교적 '쉽고' 안전한 경로로 가고 있었다. 무모하게 하지 않았고, 무얼 하고 있는지도 정확히 알고 있었다. 그래도 여전히 무서웠고 얼음장처럼 차가운 영국해협에 정말 빠지고 싶지 않았다.

암벽을 오를 때 파도 소리는 강렬했다. 가슴으로 느껴지는 그 깊고 강력한 울림에 아드레날린이 온몸에 솟구쳤다. 발아래에서 부서지는 파도를 내려다보며 심장이 거세게 뛰고 마음이 휘몰아쳤다.

우리는 바다 쪽으로 툭 튀어나온, 돌출된 동굴을 지나 해변으로 돌아가는 거대한 기둥을 가로질렀다. 동굴은 모두가 추락하는 곳이었다. 어둠 속으로 들어가자 긴장되어 더 빨리 움직이기 시작했다. 잡을 만한 곳이 사라져서, 원래 잡아야 하는 힘보다 더 큰 힘이 들어갔고, 소중한 에너지를 낭비하기 시작했다. 발을 디딜 곳은 미끄러웠고, 팔에서 점점 힘이 빠지는 걸 느낄 수 있었다. 떨어지기 싫었고, 심장이 쿵쿵 뛰었다.

제임스에게 반쯤은 히스테리가 섞이고 반쯤은 두려운 어조로 소리쳤다. "나 떨어진다." 말을 끝내기도 전에 나는 공중으로 떨어지고 있었다. 바람 소리가 귀를 때리는가 싶더니 바다에 풍덩 빠졌다. 모든 것을 망라하는 차가움이었지만 짜릿한 순간이었다. 제임스를 응원하려 헤엄쳐 갔지만 잠시 후 제임스도 물에 빠졌다. 우리는 아이 같은 행복감에 젖어 해변으로 헤엄치며 신나게 웃었다. 아드레날린이 점점 씻겨 나가기 시작하면서 안도감이 밀려들었고 우리는 해변에서 휴식을 취했다. 잊지 못할 경험이자 그해의 하이라이트 중 하나였다.

클라이밍은 비교적 통제된 환경에서 몸 안에서 느껴지는 아드레날린의 감각을 연습할 수 있는 아주 좋은 방법이었다. 나는 다양한 환경에서 아드레날린이 엄청나게 솟구치는 경험을 했고, 그 덕분에 마음을 더 잘 통제할 수 있게 되었다.

암벽 등반가라면 경로를 완주하려고 시도하다가 떨어질 가능성이 있다. 이 스포츠에서 변치 않는 부분이지만 받아들이기 어려울 수도 있다. 클라이밍을 더 잘하게 되면 '리드 클라이밍lead climbing'을 시작할 것이다. 이 클라이밍은 경로의 꼭대기에서 밧줄이 내려오지 않고, 밧줄을

　　　　불편함에 편안함을 느껴라

메고 바닥부터 올라가는 유형이다. 이 방법이 더 어렵고 훨씬 더 무서운 이유는 추락해서 크게 다칠 가능성이 있기 때문이다. 클라이밍 커뮤니티에서는 이런 걸 '위퍼스whippers*'라고 부른다. 이게 어떤 모습인지 알아보고 싶다면 유튜브에 검색해 확인해 보라. 손이 땀에 젖기 시작할 것이다.

추락에 대한 두려움은 클라이밍을 하는 내 발목을 붙잡았고 문제로 불거졌다. 추락하는 건 완벽히 안전하고 중요한 부분이지만, 단지 받아들이기 힘들었다. 추락할 것 같은 느낌이 들면 몸이 떨리기 시작했고 클라이밍을 마칠 수 없었다. 이때 아드레날린을 관리하는 건 필수다.

스스로 발목을 잡는 이런 두려움을 어떻게 극복할 수 있을까? 두려움을 똑바로 바라보고 떨어지는 연습을 시작하라. 나는 제임스와 함께 추락 훈련을 시작했다. 작게 시작해서 점점 단계를 올려 나갔다. 과정은 느렸고 추락 전에는 아드레날린이 온몸을 채웠다. 시간이 지나면서 이 훈련으로 얻은 자신감이 하늘을 찔렀다. 힘을 얻는 과정이었다.

이제는 클라이밍을 할 때마다 머리를 맑게 하려고 '위퍼스'를 몇 번 한 후 시작한다. 자신감을 기르려고 엄청난 추락을 많이 경험했고 그중에는 8미터가 넘는 높이도 여러 번 있었다. 여전히 아드레날린을 느끼지만, 더 이상 추락에 대해 그렇게 강렬한 두려움이 생기지는 않는

---

* 위퍼스: 큰 추락을 의미하며 등반가가 추락할 때 밧줄이 튕기며 채찍질하는 형상이 되어 붙여진 이름

다. 이 모두가 두려움을 정면으로 바라본 덕분이다.

배운 점　아드레날린의 실체를 본 게 신의 한 수였다. 이 과정을 체내의 화학 반응으로 보기 시작하자 곧 아드레날린과의 관계가 바뀌었다.

투쟁 혹은 도피는 잠재적으로 위험한 상황에 대한 자연스러운 반응이다. 우리 몸은 아드레날린을 뿜어내어 우리를 잡아먹으려는 짐승보다 더 빨리 달리도록 돕는다. 이와 관련된 농담이 있다. 두 남자가 굶주려 화가 난 야생 호랑이와 마주친다. 첫 번째 남자가 허리를 숙여 신발 끈을 묶기 시작한다. 두 번째 남자가 말한다. "뭐 하는 거야? 자네가 호랑이보다 빨리 달릴 수는 없어!" 첫 번째 남자가 대답한다. "알아, 하지만 자네를 앞지를 수는 있지." 그리고 잽싸게 달려 나간다. 다소 잔인한 이 이야기는 내 요점을 어느 정도는 설명해 준다.

아드레날린이 무언가로부터 도망치는 데 쓰이지 않는다면 무언가와 싸우는 걸 돕기 위해 쓰인다. 요즘에는 이런 상황을 겪을 일이 거의 없지만, 우리의 진화적 반응은 여전히 남아 있다. 이런 반응을 관리하는 건 유용한 기술이었고, 나는 이 기술을 발전시키며 재미를 느꼈다.

한발 물러서서 투쟁이나 도피가 인간 모두가 경험하는 자연적인 작용임을 깨닫자 큰 도움이 되었다. 나는 **아드레날린에 맞서기보다 함께 살아갈 방법들을 찾기 시작했다.** 이게 바로 내가 불안에 접근한 방식이며, 이는 엄청난 차이를 만들어냈다.

내가 한 가장 큰 일은 아드레날린에 반응하는 방식을 바꾼 것이다.

나는 이 화학 물질을 집중력을 향상하는 수단으로 보기 시작했다. 이제는 아드레날린을 더 나은 성과를 내는 '마법'의 힘이라고 가장해 생각한다. 아드레날린을 부정적인 감각으로 보지 않게 되자 모든 것이 바뀌었다. 마치 두 가지 그림이 하나로 위장된 그림 같은 거다. 처음에는 할머니처럼 보이다가 다르게 보면 갑자기 토끼가 된다. 내가 아드레날린을 보는 관점에 일어난 일이다.

나는 이제 이 화학 물질을 내가 어떤 상황에 처하든 최선을 다하게 하는 부스터로 생각한다. 어떤 일이든 하면 된다.

21. 어디까지 휘어질 수 있을까?

부문 신체 **유형** 배우는 데는 단기, 정기적으로 하는 건 중기
난이도 5(중간) **소요 시간** 1시간 또는 계속하기

무엇을 요가는 고대 인도에서 시작된 육체적, 정신적, 영적 훈련이다. 요가의 다양한 측면을 강조한 다양한 학교가 많다. 여기서는 요가 동작과 루틴을 수행하는 데 중점을 둔 요가의 육체적 측면을 살펴볼 것이다. 그 과정에서 몸이 얽힌 덩어리가 되어 무너지지 않는 게 목표다.

이 도전 과제의 목적은 어려운 요가 자세를 배우고 제대로 할 수 있을 때까지 연습하는 것이다. 연습이 많이 필요한 물구나무서기를 목표로 해 보길 제안한다.

왜 몸을 어색한 자세로 비트는 건 불편하고 어려울 수 있다. 육체적으로 힘들고 복부의 힘과 유연성이 아주 많이 요구된다. 동작을 효과적으로 하려면 열심히 노력해야 할 것이고, 그래서 수련이 필요하다. 정신 훈련으로 아주 좋다.

요가는 삶의 다른 활동을 모두 지원할 수 있는 놀라운 운동이다.

불편함에 편안함을 느껴라

유연성을 높여서 부상에 대해 저항력을 키워주고 다양한 스포츠에서 경기력을 향상해 줄 수 있다.

요가는 철학을 강조하고, 몸과 마음의 조화도 크게 강조한다. 이 개념을 살펴보고 요가 연습에 도입하면 계속해서 긍정적인 마음가짐을 기르는 데 도움이 될 것이다.

어떻게 어떤 요가 동작은 몹시 까다로울 수 있으니 이 도전 과제를 위해 시간을 들여 유연성을 길러야 한다. 처음 도전해 볼 만한 자세에는 머리를 대거나 손을 대고 서는 물구나무서기가 있다. 아래 방법은 머리를 대고 물구나무를 서는 자세다. 한번 시도해 보라.

| 1단계 | 충분한 공간을 확보한다. 넘어질 경우를 대비해 주변에 깨질 만한 것은 치워두자.

| 2단계 | 쿠션을 가져와 앞에 놓는다.

| 3단계 | 정수리를 쿠션에 대고 어깨 아래에 손을 놓는다.

| 4단계 | 체중을 손과 머리에 싣는다.

| 5단계 | 다리와 몸의 무게를 머리 위쪽으로 가져온다. 복부 힘을 써서 몸이 흐트러지지 않아야 한다.

| 6단계 | 다리를 쭉 펴고 계속 호흡한다. 여러분은 이제 거꾸로 서 있다!

꼭 여러 가지 온라인 시각 자료를 활용해 방법을 파악하는 데 도움을 받아라. 처음에는 시간이 걸릴 수 있지만, 꾸준히 연습하면 완벽해진다.

친구에게 다리가 넘어가지 않게 잡아달라고 하면 도움이 될지도 모른다. 부탁하기 어려우면 친구 대신 벽을 이용하면 된다.

더 어렵게 손으로 물구나무서는 자세나 다리 찢기, 극락조 자세는 연습이 많이 필요하다.

물구나무서기 자세를 유지하며 손으로 걸어보거나, 한 손으로 서 보거나, 손을 대지 않고 머리로만 서보라.

고급 요가 수업에 참가하거나 비크람 요가Bikram yoga*처럼 다른 것에 도전해 보라.

요가 루틴에 여러 동작을 혼합해 보면 한 단계 더 나아갈 수 있다. 이 도전 과제를 본격적인 연습으로 바꿔보는 것도 삶에 운동을 끌어들이는 재미있는 방법이다.

연구 요가 동작은 종류가 무척 많아서 인터넷을 검색해 배우고 싶은 동작을 찾아보면 좋다. 동작을 몇 가지 결정하고 나면 온라인으로 방법을 찾아 보거나 요가 강사에게 조언을 구한다.

---

* 비크람 요가: 근본적으로 사우나에서 하는 요가로 '핫요가'로도 알려져 있다

불편함에 편안함을 느껴라

아크로 요가Acroyoga는 파트너와 함께 다양한 동작을 하는 것이다. 요가와 혼합된 곡예를 떠올려보라. 가까운 데 수업이 있는지 찾아보면 좋겠다.

에어리얼 요가Aerial yoga**는 매달린 해먹을 사용한다. 천장에 매달린 해먹으로 거꾸로 매달린 동작을 수행한다. 흥미롭게 들리지 않는가?

요즘 인스타그램에 요가 영상이 넘쳐나는 것 같으니, 시간을 할애해 영감을 받아보자.

내 경험 나는 달리기와 관련된 문제를 극복하는 데 도움을 받으려고 처음 요가를 접했다. 마라톤 훈련을 시작했을 때 무릎에 심한 통증이 생겨 물리치료사를 찾아갔다. 치료 과정에서 교정을 받고 요가를 하면서 부상을 입지 않게 되었다. 요가를 규칙적으로 시작하자마자 작지만 신경 쓰이던 통증이 모두 사라졌고, 부상 없이 마라톤을 완주하는 데 성공했다.

나는 이제 완전히 요가에 빠져들어, 달리기와 클라이밍을 할 때 지원 체계로 요가를 활용한다. 수업에 참여하고(여기서 엄청난 정신적 저항과 싸워야 했지만), 수많은 교육용 영상을 시청하고, 자신을 시험하는 길고 힘든 루틴을 만들었다. 이제는 손을 발가락에 댈 수 있고(전에는 무릎 아래로 몸을 굽힐 수 없었다) 흥미로운 자세를 몇 가지 배웠다.

** 에어리얼 요가: 플라잉 요가로 알려져 있다

머리를 댄 물구나무서기를 익힌 건 귀중한 업적처럼 느껴졌다. 쉽지 않았고, 아주 특이하게 느껴졌다. 연습하면서 가구에 부딪힌 횟수는 터무니없이 많다. 우리집에서 쿵쿵 소리가 울려 퍼져서 이웃들은 무슨 일이 일어나고 있는지 궁금해했을 게 틀림없다. 성인 남자가 바닥에 떨어지면 꽤 큰 소리가 난다. 다행히도 그 시절은 지나갔고 이제는 꽤 품위 있게 거꾸로 서서 몇 분을 버틸 수 있다.

배운 점   요가는 **속도를 늦추는 일의 가치**를 가르쳐 주었다. 나는 내가 정한 도전 모두에 미친 사람처럼 달려들었다. 열심히 하는 것은 도전 과제를 완수하는 데 아주 좋은 방법이지만, 균형이 있어야 했다. 나는 꽤 자주 부상을 입었고, 스트레칭과 다소 편안한 운동을 내 삶에 받아들여 지구력을 키워야 했다. 요가는 이를 위한 완벽한 방법이었다.

요가를 뒷받침하는 철학도 엄청나게 도움이 된다. 또한 그 철학은 도전 과제를 완수하면서 개발하고 작업해 온 많은 아이디어를 강화했다. 이 중 상당수가 불교와 비슷하다. 정말로 흥미롭고 탐구해 보고 싶은 주제다.

22. 주방에서 펼치는 실험실

부문 기술　**유형** 단기　**난이도** 7(어려움)

소요 시간 1 - 2시간

무엇을 한 번도 해 본 적 없는, 기술적으로 어려운 음식을 요리하라. 야심 찬 메뉴를 고르도록 하라.

왜 이 도전 과제의 경우 주의해서 레시피를 따라야 한다. 요리의 전문성에 따라 매우 어려울 수도 있다.

　　도전을 완수하면 여러분의 요리 목록에 올릴 수 있는 새로운 음식을 얻을 것이다. 맛도 훌륭해서 다시 만들게 되기를 희망해 보자.

어떻게 이번 도전 과제는 아주 재미있게 할 수 있다. 결과물을 누군가와 나눈다면, 여러분의 요리 솜씨에 대한 피드백을 받을 수 있는 기막힌 방법이 될 것이다. 여기서 최고의 팁은, 그들이 얼굴은 떨떠름한데 계속 맛있다며 여러분을 안심시킨다면, 어쩌면 여러분에게 친절을 베풀며 '진실을 왜곡'하고 있을 수 있다는 거다.

| 1단계 | 요리해 보고 싶은 음식을 결정한다. 인터넷 기사나 요리책을 보고 영감을 받아도 좋지만, 야심 찬 요리를 선택한다.

| 2단계 | 식재료를 구입한다.

| 3단계 | 단계별 레시피를 따라 요리한다.

| 4단계 | 창조물을 먹으며 즐긴다.

더 어렵게 집으로 사람들을 초대해 기술적인 음식을 요리해 준다. 다른 사람들이 먹을 요리를 하는 부담감은 흥미로운 도전이다. 좋은 집주인 역할을 하면서 손으로는 다른 일들을 해 보라. 손님들에게 야심 찬 메뉴를 선보일 때는 이렇게 하기가 특히 어렵다. 요리 연구가들의 레시피를 시도해 보라. 몇몇은 엄청나게 복잡해서 준비하는 데 며칠이 걸릴 수도 있다.

연구 〈와서 함께 식사해요Come Dine with Me〉는 크게 인기를 끌고 있는 TV 시리즈다. 참가자들이 차례로 자기 집에서 서로를 위해 요리를 해서 성과에 따라 점수를 매긴다. 친구들과 이걸 따라 해 보고 어떤 결과가 나오는지 확인하라.

〈스시 장인: 지로의 꿈Jiro Dreams of Sushi〉은 내가 본 가장 흥미로운 음식 다큐멘터리 중 하나다. 세계적으로 유명한 도쿄의 스시 레스토랑의 셰프이자 주인이 이 프로그램의 주인공이다. 다큐멘터리는 셰프의 하루 일상과 레스토랑에서 이룬 성과를 살펴본다. 눈물 나게 비싸고, 믿기 힘들 정도로 인기가 높아 긴 대기 목록이 있다. 레스토랑은 테이블이 10개 밖에 없지만 놀랍게도 미슐랭 별 3개를 받았다. 지로는 모든 것을 완벽하게 만들려고 미친 듯이 열심히 일하고 주변에는 굉장한 팀을 두고 있다. 스시를 향한 이 남자의 헌신은 대단하다. 절대, 꼭 시청해야 할 다큐멘터리다.

요리책을 훑어보며 영감을 받아라. 개인적으로 좋아하는 책은 제이미 올리버가 냈거나 제목에 바비큐가 들어간 책이다.

넷플릭스 다큐멘터리 시리즈 〈셰프의 테이블Chef's Table〉도 입에 침이 고이게 할 것이다.

내 경험 나는 스시롤을 만들어 보기로 했다. 일본어를 공부해 왔으니, 해 보면 좋을 기술적인 요리 같았다. 스시는 내가 가장 좋아하는 음식이어서 직접 만들어 본다는 사실에 신이 났다. 왠지 아주 잘 만들 것 같았다(하지만 좋아한다고 해서 그걸 잘 할 거라는 보장은 없다).

시간을 할애해 무엇을 해야 하는지 조사하고, 재료를 사러 갔다. 주방에서 여러 가지를 준비하며 한참을 보낸 후에 스시롤 만들 준비를 마쳤다. 헬렌도 재미있을 것 같다고 생각했는지, 나와 함께 스시롤을 만들기로 했다. 둘 다 김을 깔고 밥을 올리고 조심스레 여러 속 재료를 밥 위에 올렸다. 그리고 말기 시작했다. 말기가 정말로 어려워서, 나는 결국 여기저기 이상하게 튀어나온 볼품없는 모양새의 소시지를 얻었다. 상상한 것과 아주 달랐다. 스시 소시지를 자르려고 칼을 가지러 갔다가

아차 했다. 헬렌의 스시롤은 이미 잘려져 있었고 나무랄 데가 없었다. 일본인 셰프가 막 말아놓은 스시롤처럼 보였다. 어쩌면 내 스시롤도 잘라놓으면 그렇게 보일지도….

마침내 모든 게 끝나고, 우리는 각자의 요리를 접시에 담아 비교해 보았다. 그 차이는 터무니없었다. 내 접시는 기형 스시롤로 가득한 스시 무덤 같아 보여서 끔찍했다. 김은 찢어지고 밥알은 흘러나와 완전히 엉망이었다. 반면에 헬렌의 스시롤은 완벽했다. 진짜 레스토랑에서 나온 것처럼 매끄럽고 아름다운 스시롤이었다. 우리는 한참을 웃었고, 나는 내 스시롤이 이렇게 처참한 결과를 맞은 이유를 변명하지 않으려 애썼다. 어쨌든, 모든 걸 잘할 수는 없다.

배운 점　나는 스스로 스시롤을 만드는 데 재주가 있을 거라고 생각했지만, 완전히 실패했다. 해 보기도 전에 쉽게 할 수 있으리라 생각한 게 어이없다. 내 태도는 다른 많은 도전 과제를 대하던 내 평소 사고방식과는 정반대였다. 그동안은 마라톤을 뛰는 건 불가능하다고 생각하다가 실제로 뛰어본 뒤 스스로 틀렸다는 사실을 증명하는 식이었다. 하지만 이번엔 달랐다. 자만이 그 보기 싫은 얼굴을 내밀었다.

그래서 여기서 얻은 교훈은 무엇일까? 우선 직접 경험할 때까지 당연하게 여기지 마라. 어려울 수도 있고 쉬울 수도 있다. 알아낼 방법은 단 하나, 직접 경험해 보는 것이다. 인식이 여기서 가장 중요한 요소이며, 근본적으로 도전을 시작하기도 전에 도전을 대하는 태도를 결정했다. 자신의 인식을 의식하고, 일이 어렵거나 쉽다고 꼬리표를 달지 않으려 노력하면, 삶의 새로운 경험에 열린 마음으로 다가갈 수 있을 것이다. 이 모든 게 말로는 쉽지만, 인식을 실제로 바꾸기는 어렵다.

　뭔가를 잘하지 못하는 것은 견디기 힘들지만, 그에 품위 있게 대처하고 교훈을 찾은 것은 좋은 경험이었다.

　결론적으로 내 스시롤은 적당한 맛이었지만, 만드는 과정은 재미있었다. 일본 음식을 만드는 것에 대해 많이 배웠고, 스시 셰프들에 대한 존경심이 싹텄다. 이 기술을 향상하려면 세부 사항에 집중해야 할 것이다. 연습하면 다음에는 더 잘 만들 수 있을 것을 안다. 지금은 집 근처 무제한 스시 뷔페가 나를 부르니, 가서 손해를 입힐 만반의 준비를 해야겠다.

23. 트라이애슬론* 완주하기

부문 신체 **유형** 중기 **난이도** 10(아주 어려움)

소요 시간 아침 반나절+훈련 시간

무엇을 트라이애슬론은 수영, 사이클링, 달리기가 혼합된 경주이다. 경주는 세 가지 별개의 영역으로 나뉜다. 수영으로 시작해서 사이클링, 그다음이 달리기다. 체력과 경험 수준에 따라 시도해 볼만한 다양한 길이의 경주가 있다.

이번 도전 과제는 적절한 거리의 트라이애슬론을 선택하고 완주하는 것이다.

왜 훈련할 때 세 가지 종목에 모두 균형을 맞추는 일이 진정한 도전이 될 수 있다. 또한 육체적으로 힘든 경주여서 전반적인 체력과 정신적 투지가 요구된다.

어떻게 첫 번째 경주로 트라이애슬론 '스프린트sprint'를 추천한다.

---

* 트라이애슬론: 철인 3종 경기

스프린트는 수영 750미터, 사이클링 20킬로미터, 달리기 5킬로미터로 이루어진다. 지역에서 열리는 경주를 찾아 참가 신청서를 내고, 훈련하면서 각 분야의 체력을 기르도록 하라.

| 1단계 | 해 보고 싶은 경주를 선택하고 참가 신청한다.
| 2단계 | 자전거와 수영장을 이용할 수 있어야 한다.
| 3단계 | 각 분야의 균형을 맞추고 훈련 계획에 따라 체력을 쌓는다.
| 4단계 | 경주를 완주한다.

더 어렵게 더 긴 경주를 완주한다. 분류하면 스프린트, 스탠다드, 중거리, 장거리가 있다. 야심 찬 경주를 고르고 훈련 프로그램을 시작하라.

연구 믿을 수 없을 정도의 역대급 경기인 노르웨이의 '노스 먼Norseman' 트라이애슬론을 찾아보라.

메러디스 케슬러Meredith Kessler는 영감을 주는 삶을 사는 미국인 트라이애슬론 선수다. 케슬러는 수많은 장거리 트라이애슬론에서 경쟁해 승리했다. 케슬러를 탐구해 보라.

숀 콘웨이Sean Conway는 세계 최초로 영국 종단 트라이애슬론을 완주한 모험가이다. 콘웨이는 수영, 자전거, 달리기로 영국을 종단했다. 그 후, 한 단계 더 나아가 영국 해안선 전체를 걷고, 자전거를 타고, 노를 저어 일주하며 극한의 트라이애슬론을 완주했다. 그의 여정과 전체 경험에서의 개인적인 이야기도 살펴볼 가치가 있다. 콘웨이의 이름으로 나온 책도 여러 권 있다. 대단히 흥미로운 사람이며, 덥수룩한 수염도 인상적이다.

트라이애슬론은 최근 엄청나게 인기를 얻어 어떤 경주를 완주해볼지 선택지가 아주 많을 것이다. 영감을 받으려면 시간을 할애해 지역 경주를 조사하라.

내 경험 　트라이애슬론을 완주한 내 경험은 상당히 특이했다. 전부 헬스장에서 이루어졌다. 5주에 걸쳐 트라이애슬론 '스프린트'에서 '장거리'를 모두 실내에서 완주했다. 상상할 수 있듯이, 정말 지루한 훈련을 많이 견뎌야 했다(마인드셋에 아주 좋은 훈련이었다). 5주 동안, 트라이애슬론 다섯 번을 매번 조금씩 거리를 늘려 완주하는 데 성공했다.

처음에는 참신한 경험으로 느껴졌고 트라이애슬론만큼의 거리를 완주해서 기뻤지만, 5주째가 되자 이러한 형태의 트라이애슬론이 지루해졌다. 트라이애슬론을 실내에서 한다는 건 어리석은 생각 같지만, 이 경험 덕분에 또 다른 수준의 도전이 더해졌다.

헬스장에 있는 고정 자전거에서 정말로 오랜 시간을 보내면 꽤 재미있어진다. 앞에 있는 벽돌벽을 더 흥미롭게 만들기 위해 마음은 다른 곳으로 둥둥 떠 간다. 한번은 미치광이처럼 페달을 밟아 헬스장 전체에 전기를 공급하고 있다고 상상했다. 마음속으로 여러 가지 게임을 했고 인터벌 트레이닝을 도입해 조금 더 재미있게 하려고 노력했다. 운동 강도에 경계를 만드는 방식으로 듣고 있던 음악을 이용했다. 노래 한 곡은 페달을 힘차게 돌리는 데 쓰고, 다음 곡은 휴식 노래로 쓰는 식이다. 그렇게 계속하다 보면 다음 단계인 러닝머신으로 옮겨갈 준비가 될 터였다.

배운 점   헬스장과 실내 수영장에서 트라이애슬론을 완주하면서 다루어야 했던 주요 문제는 지루함(정신적 저항)이었다. 때로는 진부한 환경이 육체적 훈련만큼이나 어렵게 느껴졌다. 모두 훌륭한 훈련이었지만 기대한 것만큼 재미있지는 않았다. 사실 당연한 거 아니겠나?

세 종목 모두 균형을 맞추기도 까다로워서, 너무 일찍 힘이 소진되지 않도록 주의해야 했다. 트라이애슬론의 마지막 구간까지 에너지를 분배했고, 효과가 있었다. 마침내 달리기 구간에 접어들었을 때는 다리가 젤리처럼 흐물거렸지만, 나는 내 속도와 지구력을 제대로 판단하게 되었다. 배울 가치가 있는 교훈이었으며 다른 신체 활동에도 아주 쉽게 적용할 수 있었다.

다음 트라이애슬론은 실외에서 할 것이다. 그럴 거라 확신한다!

24. 새로운 운동에 도전하라

부문 신체 **유형** 단기 **난이도** 6(중간)
소요 시간 난이도에 따라 제각각

무엇을 한 번도 해 본 적 없는 운동에 도전한다. 혼자 혹은 팀으로 하는 운동이나 익스트림 스포츠도 좋다. 중요한 기준은 절대 해 본 적이 없어야 한다는 거다.

왜 초보자라면 그 자체로 까다로울 수 있고 역량이 모자란다고 느낄 가능성도 높다. 이번 도전 과제는 새로운 사람들과 소통하고 지시 사항을 이해하며 익숙하지 않은 것을 경험하는 능력을 훈련하도록 장려한다. 단체 운동을 시도한다면 팀의 일원으로 움직이며 다양한 성격의 사람들과 부대껴야 한다.

어쩌면 처음에는 힘들 테고, 엄청난 정신적 저항과 대면할 것이다. 새로운 스포츠를 시도하는 건 어려울 수 있으니, 성장 마인드셋을 시험하는 아주 좋은 방법이 될 것이다.

어떻게 사는 지역에서 어떤 운동을 할 수 있는지 알아보고 시범 수업에 참여하라. 기본기를 익히려면 여러 번 해 보는 게 좋지만, 주요 목표는 낯선 환경에서 낯선 신체 활동을 해 보는 것이다.

해 볼 만한 운동에는 복싱, 무술, 태극권, 배드민턴, 항해, 펜싱, 체조, 수구, 스키, 스노보드, 배구, 패들보드 등이 있다. 목록은 끝이 없고 당연히 사람마다 선호하는 종목이 다를 것이다. 앞서 열거한 종목들은 완전히 무작위로 고른 예시이니, 여러분의 이전 경험을 바탕으로 새롭고 신나는 운동을 선택하라.

| 1단계 | 인터넷을 검색해 한 번도 해 본 적 없는 흥미로운 운동을 찾는다.

| 2단계 | 한두 번 정도 맛보기용 수업에 등록하여 새로운 운동의 감각을 느낀다.

| 3단계 | 수업에 참석해 운동을 마친다.

| 4단계 | 그 운동의 기본이 이해될 때까지 몇 번 반복한다.

더 어렵게 시도해 본 적 없는 스포츠를 모두 적어보고 하나씩 완수해 본다. 누가 알겠는가, 이 중 하나가 새로운 취미가 될지.

연구 지역에서 할 수 있는 새롭고 생소한 운동을 찾아라. 인터넷으로 어떤 선택지가 있는지 알아볼 수 있다.

내 경험　나는 이번 도전 과제로 서핑을 해 보기로 결심했다. 한 번도 해 본 적이 없어서, 시도해 보고 기본기를 익힐 수 있을지 알아보고 싶었다. 이틀 연속 아침에 진행되는 서핑 수업을 신청하고 서핑의 '느낌'을 맛보는 데 충분한 시간이 주어지기를 바랐다.

강사는 시간을 오래 끌지 않았다. 우리는 뭘 해야 하는지 5분 동안 설명을 듣고 바다로 뛰어들었다. 파도와 위협적인 너울을 바라보며 조금 긴장했다. 강사는 길게 생각할 기회도 주지 않고 더 깊이 물을 헤치며 들어가라고 큰 소리로 우리를 격려했다. 가슴 깊이까지 들어가서 보드에 올라가 그 위에 엎드렸다. 강사가 서핑보드를 해변 쪽으로 돌리자, 파도가 사방에서 우리를 강타했다. 먼저 패들링*을 하고 '테이크 오프**' 기술을 쓰라는 설명을 2분간 들었다. 파도를 따라 패들링을 하며 나아갔다. 보드는 파도 꼭대기에서 빠르게 움직였고, 나는 즉시 성공했다고 생각했다. 보드 위에서 '테이크 오프'를 시도했지만, 일어서려고 하는 순간 물속으로 곤두박질쳤다. 첫 번째 시도는 실패였다.

이어진 한 시간 반 동안의 이야기는 거의 비슷했다. 강사는 내가 보드에 올라탄 상태로 줄을 세웠고, 그 과정에서 나는 어린아이가 된 것만 같았다. 강사는 조심스레 적절한 위치로 나를 데려가서 파도가 올 때 놓아주었다. 나는 가까스로 1미터 정도 일어섰다가 다시 물에 빠졌

---

*　패들링: 보드 위에 엎드려 손으로 노를 젓듯 움직여 앞으로 나아가는 동작

**　테이크 오프: 팔로 노를 저어 보드에 가속도를 붙이고 보드 위에 서는 동작

다. 시도하고 또 시도했지만 계속 실패했다. 너무 힘들었다.

하지만 얼마 후, 몸에서 긴장이 풀리고 어떻게 해야 하는지 느껴지기 시작했다. 순식간에 몸을 똑바로 세웠고, 스스로도 균형을 잘 잡고 있다는 느낌이 들었다. 무언가 딱하고 들어맞았고, 나는 해변에 닿을 때까지 서서 파도를 탔다. 놀라운 느낌이었다. 실행했던 그대로 몇 번 더 반복했지만, 특별히 언급할 만한 일은 일어나지 않았다.

둘째 날은 대부분의 시도가 실패로 돌아갔지만, 가끔 한 번씩 해변까지 쭉 보드를 타고 가기도 했다. 이번에는 혼자 하는 경우가 더 많아서 훨씬 더 자유롭게 느껴졌다. 문제가 생기면 손 닿는 곳에 강사가 있다는 건 정말로 도움이 되었지만, 혼자서 문제를 해결해 볼 기회가 있다는 사실이 특히 유익하게 느껴졌다. 아주 재미있는 경험이어서 사람들이 서핑에 중독되는 이유가 이해되기 시작했다. '파도 하나만 더'를 되뇌고 다음 6~7번의 시도를 망치러 나아갔다. 멋진 경험이었고 대단히 즐거운 도전이었다.

배운 점 바다는 위협적인 장소일 수 있다. 때로는 해변이 아주 멀게 느껴지고 진정한 고립감이 들었다. 바다는 엄청나게 강력해서 서핑보드 위에 떠 있다 보면 나라는 존재가 하찮게 느껴졌다. 나쁜 느낌이 아니라 광대한 우주 안에 있는 거대한 행성에서 우리 인간은 정말로 작디작은 존재라는 감각이었다. 자연은 엄청나게 강력하고, 서핑은 자연과 이어지려는 시도다.

서핑이 얼마나 어려운지, 서핑을 하는 사람이라면 바다를 향한 경외감을 얼마나 가져야 하는지 확실히 느끼며 도전을 마쳤다. 나는 숙련된 강사가 지켜보는 아주 '안전한' 장소에 있었다. 세계 어딘가에서는 바다에 나가는 게 아주 위험할 거라 짐작한다.

서핑에 계속해서 실패하다가 한두 번 보상 - 해변까지 한 번에 나아가는 - 을 받으면 그 경험에 가치가 부여되었다. 처음에는 할 수 없었지만, 끈기와 결단력으로 이 스포츠가 어떤 것인지 조금 맛보게 되었다. 올바른 마음가짐(성장 마인드셋)을 가지는 것이 필수적이었지만, 내가 이전에 이런 접근법을 가졌었다고 생각하지 않는다. 태도를 바꾸면서 내 세상이 얼마나 열렸는지 놀라울 따름이다.

25. 공 3개, 두 손, 하나의 집중

부문 기술 **유형** 단기 **난이도** 4(쉬움) **소요 시간** 1시간

무엇을 공중에서 공 3개로 저글링하는 고전적인 묘기를 배워보자.

왜 저글링은 비교적 빨리 배울 수 있는 기술이다. 훌륭한 묘기이며 조정력과 집중력, 근육 기억력을 발전시키는 재미있는 활동이다. 저글링은 좌절감을 다스리는 능력도 시험할 것이다.

어떻게 가장 확실한 방법은 저글링을 할 수 있는 사람에게 기술을 배우는 것이다. 그러면 직접 피드백을 받을 수 있고 배우면서 질문을 할 수도 있다. 그렇지 않으면 인터넷의 교육용 동영상을 이용해 시각적 안내를 받을 수 있다. 체계적인 접근법은 아래를 참조하라.

| 1단계 | 저글링 할 공 세 개를 구입하거나 빌린다. 레몬, 라임, 귤도 좋지만, 처음 시작할 때는 많이 떨어뜨릴 가능성이 높다는 사실을 염두에 두라. 이론적으로 손에 잡히는 것이라면 무엇이든 저글링 할 수 있다. 작고 둥근 무언가로 해 보라.

| 2단계 | 그 과정을 확실히 머릿속에 그릴 수 있게 도와줄, 따라 해 볼 만한 자료를 찾는다.

| 3단계 | 공 2개를 오른손에, 1개를 왼손에 잡는다.

| 4단계 | 오른손에 있는 공 1개를 머리 높이 정도로 포물선을 그리며 왼손으로 던진다.

| 5단계 | 오른손에서 왼손으로 공이 날아올 때 재빨리 왼손에 있는 공을 오른손 쪽으로 포물선을 그리며 던진다. 그러면 왼손에 날아오는 공을 잡을 수 있는 공간이 생긴다.

| 6단계 | 왼손에 있는 공은 이제 오른손 쪽으로 날아간다. 공이 오른손으로 날아올 때 지금 오른손에 있는 공을 왼손 쪽으로 또다시 포물선을 그리며 던지고 빈손이 된 오른손으로 날아오는 공을 잡는다. 그다음에는 방금 왼손으로 던진 공을 잡는다. 이제 저글링을 한 번 끝냈다. 야호! 처음에는 하기 어렵겠지만, 연습하면 그 과정을 쉽게 끝마칠 수 있을 것이다.

| 7단계 | 힘들이지 않고 하고 싶은 만큼 오랫동안 저글링을 할 수 있을 때까지 같은 과정을 계속 덧붙인다.

더 어렵게 공 4개, 5개, 6개, 7개로 저글링 하라. 칼이나 불이 붙은 막대기로 하면 인상 깊은 수준으로 업그레이드된다. 저글링에 감각을 더하기 위해 배울 수 있는 묘기와 변형도 무수히 많다.

여러 묘기를 연결한 저글링 루틴을 만들어, 짧은 공연을 준비해 보는 것도 좋다.

외발자전거(그 자체로 또 다른 도전)를 배워 저글링과 접목하라. 이건 정말로 여러분을 시험할 것이다.

연구 콘택트 저글링contact juggling은 유리공을 사용해 멋진 눈속임을 만들어 낸다. 공이 대부분 시간 동안 신체와 접촉된 상태로 남아 있어, 이름이 '콘택트 저글링'이다. 온라인 영상을 보고 작동 원리를 이해하고 시도해 보는 것도 좋다.

'태양의 서커스'의 저글링은 믿을 수 없을 정도다. 영상을 몇 개 보고 인터넷의 미로 속으로 빠져들 준비를 하라.

플레어 바텐딩flair bartending*은 또 다른 형태의 저글링으로 살펴볼 가치가 있다.

내 경험 저글링은 꽤 빨리 배웠다. 처음 기술을 익히고 나니 할 수 있게 되기까지 연습만이 문제였다. 공을 계속 떨어뜨렸지만, 손과 눈의 조정력이 급속도로 향상되었고 짧은 시간 안에 기술을 익혔다.

공 세 개를 편안하게 저글링 할 수 있게 되자, 몇 가지 묘기와 루틴을 연습하기 시작했다. 어떤 묘기는 상당한 연습이 필요해서 이 과정이

---

* 플레어 바텐딩: 바텐더가 바에서 사용하는 도구로 저글링을 해서 손님들을 즐겁게 해주는 작은 공연

더 오래 걸렸다. 하지만 개발해 볼 만한 재미있는 기술이었다. 혹시라도 노망가서 서커스에 들어갈 결심을 한다면, 새로운 인생을 시작할 좋은 기반이 될 것이다.

나는 부모님 집에서 과일로 저글링 하는 걸 좋아한다. 주로 어머니의 분에 넘치는 반응을 얻기 위해서다. 그러니까 내 말은, 귤을 3번 떨어뜨렸고 복숭아는 한 번 흠집을 냈을 뿐이다…. 문제 될 게 있겠는가?

배운 점 이 기술은 **끈기의 가치**를 가르쳐 주었다. 무언가를 반복해서 하면서 조금씩 변경하는 건 답답한 과정일 수 있다. 나도 처음에는 실패를 많이 거듭했고, 그래서 경험하는 게 중요하다고 생각한다. 실패해도 포기하지 않고 노력해서 결국 실패를 성공으로 바꾸는 법을 배우는 것이, 살면서 더 큰 프로젝트를 대할 때 내가 지니고 싶은 자세다. 저글링을 배우는 일은 어떤 기술을 개발하는 완벽한 본보기로, 비교적 빨리 해낼 수 있는 일이다. 공 네 개 이상은… 뭐, 또 다른 이야기지만.

26. 맛있고 건강하게!

부문 정신 **유형** 장기 **난이도** 8(어려움) **소요 시간** 1년

무엇을 이번 도전의 목표는 음식을 더 건강하게 먹는 것이다. 조금 모호하게 들리겠지만, 중요한 점은 섭취하는 음식을 자각하고 더 건강하게 먹는 선택지를 찾아 식단을 전반적으로 개선하는 일이다. 이미 얼마나 건강한 음식을 선택하고 있는지에 달렸겠지만, 꾸준히 실천할 수 있는 제대로 된 식단을 만드는 게 주된 목적이다.

왜 제대로 먹는 것은 균형 있고 건강한 생활 방식을 유지하는 데 필수적이다. 많은 사람이 음식과 건강하지 못한 관계를 맺고 있어서, 무엇을 먹는지 자각하기는 극도로 어려울 수 있다. 또한 잘 먹겠다는 진지한 절제가 필요하다. 식단 관리는 어렵다. 건강한 선택지를 고르기도 어려울 수 있다. 우리 몸에 좋다는 음식을 먹기보다는, 원하는 음식을 먹고 싶은 욕구와 싸우는 것이 시험이다. 꾸준히 건강한 음식을 고르는 데는 절제가 필요하다. 절제는 정신력을 요구한다. 결과를 얻으려면 지속해서 해야 하는 일이라는 사실이 그걸 훨씬 더 어렵게 한다. 아주 힘든 도전이 될 수도 있다.

어떻게 먹는 음식의 80퍼센트를 '깨끗'하고 '건강'한 음식으로 바꾸는 것은 이 도전을 시작하는 아주 좋은 방법이다. 섭취하는 음식을 살펴보고 더 건강한 식품으로 대체할 방법을 알아보라. 무엇이 '건강'한지에 대한 정의는 직접 탐구해 보라. 여러분만이 자신의 식단에 책임질 수 있다.

| 1단계 | 현재 식단을 살펴보고 그다지 건강하지 않은 음식을 골라본다.
| 2단계 | 이 음식을 건강한 식품으로 대체한다.
| 3단계 | 건강하게 먹을 때까지 반복한다.

식단을 바꾸는 건 매우 어려울 수 있다. 때로는 무엇을 먹을지 결정하는 싸움일 것이다. 가끔 한 번씩 '깨끗'하고 '건강'한 식단을 깨는 건 문제가 아니다. 단지 식단의 80퍼센트가 건강하지 않은 쪽이 아니라 건강한 쪽에 속하도록 노력하라.

더 어렵게 새 식단을 1년간 유지한다. 완전히 '깨끗'하고 '건강'한 식단을 목표로 한다. 설탕과 탄수화물을 완전히 끊고, 소금과 육류 기반 식품의 섭취를 줄인다. 이를 빠짐없이 지키는 건 매우 어려울 것이다.

대체 식단을 살펴보고 그 식단이 어떤 결과를 가져올지 확인하라. 채식주의 식단과 비건 식단에 도전해 보라.

인터넷에는 음식을 소재로 한 다큐멘터리와 기사가 수없이 많아서 풍부한 정보를 얻을 수 있다. 팀 페리스Tim Ferriss의 '저혈당 식단'에 관한 조언은 탐구해 볼 훌륭한 자료이자 좋은 출발점이다.

줄리아 엔더스Giulia Enders의 『이토록 위대한 장Gut』은 아주 흥미로운 책이다. 이 책은 우리 소화계가 얼마나 중요한지, 올바른 장내 미생물군과 어떻게 균형을 맞춰야 하는지 강조한다.

〈슈퍼 사이즈 미Super size Me〉는 한 남자가 한 달 동안 맥도날드만 먹은 충격적인 다큐멘터리다. 이 패스트푸드 식단이 고작 30일 만에 남자의 몸에 끼친 영향은 정말 경악스럽다. 이 다큐멘터리를 시청하면 이번 도전에 시동을 걸고 정크 푸드를 끊는 방향으로 이끌어줄 영감을 얻을 것이다.

영양사를 만나 음식과 여러분의 개인적인 관계를 더 공부해 보아도 좋다.

이번 도전에서 나는 내가 먹는 음식 모두에 책임지고, 반드시 내 몸에 건강한 음식을 주고 싶었다. 과거에 무엇을 먹을지 신중하게 결정하는 데 어려움을 겪었기에, 진심으로 식단을 개선하고 싶었다. 나의 개인적 철학은 항상 '확신이 서지 않을 땐 피자를 주문하라'였다. 그게 나를 어떤 길로 끌어 내렸는지 상상할 수 있을 것이다.

영양사를 만나 어떤 음식을 먹어야 하는지 더 잘 이해하고 균형 있는 식단이 어떤 모습인지 더 배워보기로 했다. 영양사를 만나는 게 걱정되었고, 정말 솔직히 말하자면 그 경험에서 많은 것을 얻으리라 기대하시 않았다. 하지만 시도해 보기로 했기에 영양사를 만나러 갔다.

면담에서 얻은 식단에 관한 조언과 통찰은 환상적이었다! 소화해야 할 풍부한 정보를 얻었고 떠날 때는 열정이 활활 불타올랐다. 여러 가지 읽을 책들과 유용한 인쇄물을 받았다. 내게 남은 것은 절제하는 방식으로 식단을 바꾸는 것뿐이었다.

새 식단에 진심으로 자신을 내던지고 엄격하게 대했다. 몇 주 동안 제대로 먹은 것만으로 청바지 치수가 줄었다. 보너스였다! 당시 나는 체력이 꽤 좋았지만, 식단은 모든 것에 엄청난 차이를 만들었다. 활기가 올라가고 등반, 달리기, 요가를 수행하는 능력이 하늘을 찔렀다. 몸이 가볍게 느껴지고 가끔 느끼던 일상의 게으름이 사라지기 시작했다. 내 불안에도 정말 도움이 되었다.

오랫동안 그 식단을 고수했지만 조금 심하게 집착하기 시작했다. 살짝만 벗어나도 자신을 채찍질했기에 균형이 좀 더 필요했다. 이제는 더 건강한 접근법을 가지고 되었고, 앞으로는 가끔 자신을 풀어주려 한다. 80퍼센트의 건강한 식단 철학을 시행하려고 노력하고 있고, 이는 여전히 좋은 결과를 내고 있다. 조금 몸 상태가 '좋지 않다'라고 느껴지면 언제든 식단을 엄격하게 관리할 수 있고, 무엇을 먹어야 하고 어떤 결과가 나올지 정확히 알고 있다.

불편함에 편안함을 느껴라

배운 점 식단은 아주 중요하지만, 한결같이 건강한 선택을 고집하는 일은 정신적으로 어렵다. 식이요법을 시작할 때 사람들은 목표를 달성하는 데 필요한 정신력을 과소평가하는 듯하다. 이것이 많은 사람이 절제력을 잃고 식이요법을 포기하는 이유다. 요요 현상은 유행 다이어트가 넘쳐나는 거대한 산업을 만들어 냈다. 체중 감량이 최종 목표가 되어서는 안 되지만, 많은 식이요법의 목적은 그런 경우로 보인다. **우리 모두에게 필요한 것은 장기적이고 현실적이며 건강한 식단이다.** 효과가 있고 우리 몸이 제대로 기능하도록 하는 식단, 바로 그것이다.

더 신중한 태도로 음식을 먹기 시작했을 때 느껴진 그 차이에 놀랐다. 굉장했다. 시간이 지나면서 더 쉬워졌고, 얼마 후엔 건강한 선택을 하고 싶어졌다.

더 가볍고 더 건강한 식사를 선택하기가 때로는 어려울 수 있어서, 예상하지 못한 방식으로 의지력을 확실히 시험당했다. 이를 꾸준히 하려면 끊임없는 절제가 필요하다. 그리고 절제는 정신력을 요구하기 때문에, 매 끼니를 선택할 때마다 정신력을 훈련하게 된다. 항상 성공하지는 못하지만, 올바른 방향으로 나아가고 있다.

다음은 내가 식단을 관리하면서 시행한 가장 중요한 네 가지 팁으로, 내가 느끼는 방식에 커다란 차이를 만들었고 최상의 결과를 내놓았다. 도움이 되기를 바란다.

1. 설탕 가장 주의해야 할 것이 설탕이다. 설탕은 아주 많은 식품에 숨어 있고 전 세계적으로 많은 건강 관련 문제를 일으키는 원인이다. 설탕

섭취량을 줄이면 식단은 즉시 향상될 것이다. 완전히 끊으면 훨씬 더 좋지만 그렇게 하기는 매우 어렵다. 처음에는 설탕이 간절해질 테니 각오하라. 얼마간 설탕을 멀리하면 모든 음식이 얼마나 달콤한지 믿지 못할 것이다.

2. **채소** 섭취량을 늘리고 다양하게 먹는 데 초점을 맞춘다.

3. **탄수화물** 탄수화물 섭취를 줄이면 항상 느끼던 피로감을 덜 느낄 수 있을 것이다. 빵 종류의 식품이 서구 세계를 지배하지만, 우리 몸에는 그다지 좋지 않다. 탄수화물 섭취를 완전히 줄이거나 끊으면 거의 즉각적인 효과를 경험할 수 있다.

4. **신선 식품** 상품이 포장되어 있다면 아마도 그렇게 신선하지 않을 것이다. 포장 뒷면에 인쇄되어 있는 긴 성분 목록을 살펴보라. 성분이 3~4가지 이상이라면 안정제와 첨가제가 함유되었을 확률이 높다. 그리고 그 성분들은 우리에게 정말 좋지 않다.

27. 디지털 금식

부문 정신   **유형** 중기   **난이도** 7(어려움)   **소요 시간** 24시간

무엇을 휴대폰 없이 24시간을 보낸다.

왜 휴대폰에 너무 의존하게 되면서, 휴대폰이 우리의 일부분처럼 되어버렸다. 테크놀로지로부터 휴식 시간을 갖고 인터넷망에서 벗어나는 것이 빠른 속도로 움직이는 현대 사회를 탈출하는 방법이다. 쉽지는 않겠지만 자신이 실제로 얼마나 휴대폰에 중독되어 있는지 놀랄지도 모른다.

　　종종 사람들이 함께 앉아 식사를 하면서 말없이 자기 휴대폰에만 열중하고 있는 모습을 보곤 한다. 서로 대화하는 대신 휴대폰 화면으로 고개를 푹 숙인 커플을 보고 있자면 우울하지만, 이러한 현실이 현대 사회를 좀먹고 있다. 테크놀로지에 의지하는 우리 모습을 자각하고 그 패턴을 끊기 위해 24시간 동안 휴대폰을 끄는 것이 필요하다면, 이 도전은 매우 중요하다.

어떻게 24시간 동안 '디지털 금식'을 해 나가기는 의외로 어려울 수

있다.

| 1단계 |　휴대폰을 사용하지 않을 24시간을 정한다. 주말이 더 편할지도 모르지만, 이 도전은 반드시 편의에 관한 것은 아니다.

| 2단계 |　전화의 전원을 끈다.

| 3단계 |　유혹에 굴복하지 말라! 남는 시간, 전화의 방해에서 벗어난 지금, 이 순간을 여러분을 둘러싼 세상을 즐기는 데 쓴다.

더 어렵게　휴대폰 없이 일주일을 살아본다.

24시간을 어떤 종류의 테크놀로지도 없이 보낸다(전기도 포함).

소셜 미디어 없이 일주일을 산다.

연구　시중에 일정 시간 동안 휴대폰을 가둬두는 제품들이 나와 있다. 전화를 상자에 넣고 타이머를 설정하면 타이머가 울리고 상자가 열릴 때까지 전화에 접근할 수 없다. 정말 극단의 조치다….

전화를 잠그거나 인터넷 사용을 차단하는 데 활용할 수 있는 생산성 애플리케이션도 아주 많다. 전화에서 정말로 손을 떼기 힘들다면 이런 선택지를 살펴보라.

내 경험　최근 부주의로 전화가 잠겼다. 어떻게 된 일인지 아직도 모르지만, 추측하건대 내 주머니 안에서 뭔가 일이 생겨 지문이 인식되지 않고 애플 제품 관련 마법이 일어난 게 틀림없었다. 주머니에서 전화를 꺼냈을 때 화면에 아이폰이 비활성화되어 아이튠즈*에 연결하라는 메시지가 떠 있었다. 말 그대로 집에 와서 컴퓨터 앞에 앉을 때까지 전화를 사용할 수 없었다. 나는 즉시 테크놀로지가 없는 세상에 내던져졌다. 문자와 이메일을 보내야 했고 긴 기차 여정을 앞두고 있었다. 음악도, 인터넷도 없는 암흑시대로 내던져졌고 그 상황이 마음에 들지 않았다. 이 경험으로 우리가 얼마나 휴대폰에 의존하게 되었는지 생각하게 되었다. 이것을 도전으로 탐구해 보면 흥미로운 실험이 될 거라고, 기차를 타고 손가락을 꼼지락거리며 생각했다.

휴대폰 없이 시간을 보내기는 놀라울 정도로 어려웠다. 그렇게 짧은 시간 동안 세상이 얼마나 급격히 변했는지 강하게 체감했다. 내가 학교에 다닐 때만 해도 휴대폰이 있는 사람이 없었지만, 세상은 잘 돌아갔다. 하지만 이제 나는 배터리 잔량이 얼마 남지 않았으면 크게 당황한다. 이건 흥미로운 의존성이어서, 전화에서 벗어나 휴식 시간을 보내는 일이 신선하게 느껴졌다.

24시간 내내 전화를 확인하러 갔다가, 사용하면 안 된다는 사실을 기억해 냈다. 이 일이 얼마나 자주 일어났는지 놀라웠다! 해야 하는 정말로 '중요한' 무언가를 생각해 내고는 자동으로 전화로 향했다. 잠재

---

*   아이튠즈: 애플의 미디어 관리 프로그램

의식적이고 기계적인 과정이어서 꽤 무서운 일이었다. 하지만, 결국 저항해 냈다.

둘째 날에는 도전이 아주 어려워졌다. 아침 기상조차 평소보다 더 어렵다는 게 증명되었다. 휴대폰 알람이 없었기 때문이다. 마침내 24시간이 지나고 디지털 세계와 다시 연결될 수 있었다. 그동안 뭘 놓쳤냐고? 중요한 건 없었다. 답장해야 하는 이메일이 간간이 있었고 메시지 몇 개가 있었지만 모두 급한 일은 아니었다. 전화 없이 얼마나 초조해했는지가 놀라울 따름이다.

배운 점 내 휴대폰은 나라는 사람의 일부다. 이 테크놀로지가 얼마나 강력한지, 그리고 내가 거기에 얼마나 의존하고 있었는지 믿어지지 않을 정도다. 비교적 짧은 시간이었지만, 삶에서 전화를 끊어내는 일은 예상보다 훨씬 더 어려웠다. 이 작은 테크놀로지가 내 삶에 얼마나 큰 영향을 미치는지 인식하게 된 것은 대단히 흥미로웠다.

전화 없이 24시간을 성공적으로 보냈다는 생각에 기분이 꽤 좋았다. 시간이 더 많아진 것 같았다(착각이 확실하지만). 보통은 하루 종일 전화로 '빨리' 무엇을 확인하려다가 결국 인터넷망에 걸리곤 한다. 30분 후에는 러시아 남자가 건물에서 밧줄에 매달려 흔들리는 영상을 보고 있을 것이다. 어떻게 여기까지 왔지? 나도 모른다. **시간을 낭비하는 인터넷 폭식은 내 일정 속에 여유로 바뀌었고, 그로 인해 더 많은 시간이 생긴 듯한 느낌을 받았다.** 좋은 기분이었다.

이 실험에는 통찰이 있었다. 현대의 기술로부터 플러그를 뽑는 데에 많은 가치가 있다고 나는 믿는다. 내 휴대폰 의존도를 알게 된 것은 조금 충격적이긴 했지만, 굉장히 흥미로웠다. 나는 더 자주 기기를 끄고, 방해받지 않고 내 주변의 직접적인 세상을 경험하려고 노력할 것이다.

28. 눈속임의 기술, 마술 배우기

부문 기술　**유형** 중기　**난이도** 5(중간)　**소요 시간** 며칠

무엇을 마술을 배운다.

왜 이번 도전 과제는 정밀하고 미묘한 움직임이 필요한 새로운 기술 배우기를 포함한다. 마술에 생생한 숨을 불어넣기 위해서는 약간의 연습과 엄청난 카리스마가 필요할 것이다. 마술을 수행하다 보면 자의식이 과잉된 듯 느낄 수도 있다. 모두 우리를 컴포트존에서 밀어낼 아주 좋은 방법이다.

어떻게 마술의 종류는 셀 수 없이 많지만, 카드 마술부터 시작하기를 권한다. 많은 카드 마술이 관객에게 카드를 '강요'하는 데 기본을 둔다. 관객에게 카드를 한 장 선택하게 하는데, 사실 미리 골라놓은, 이미 알고 있는 카드를 관객에게 주는 것이다. 이렇게 한 후에 인상적이고 극적인 마술을 보여 준다.

　다음은 관객에게 카드를 '강요'하는 간단한 방법을 포함한 기본 기술이다.

| 1단계 | 관객이 모르게 맨 위에 있는 카드(앞면이 아래를 향한 카드)를 살짝 본다. 그게 '강요'할 카드다.

| 2단계 | 카드를 '가짜로' 섞는다. 선택한 카드가 항상 위에 있어야 한다. 카드가 섞였다고 착각하게 하는 방법은 아주 많으니, 연습이 필요할 것이다. 시간을 할애해 '가짜 섞기'를 어떻게 하는지 보여주는 유튜브 영상을 보고 연습을 시작하라.

| 3단계 | 관객에게 카드 한 벌을 세 뭉치로 나누라고 요청한다. 그동안 어떤 뭉치의 맨 위에 '강요' 카드가 있는지 기억하고 있어야 한다.

| 4단계 | 관객에게 세 뭉치 중 하나를 고르라고 요청한다. '강요' 카드가 있는 뭉치를 고르면, 맨 위에 있는 카드를 가져가라고 한다. 다른 뭉치를 골랐다면 단순히 그 뭉치를 치워놓고 다시 고르라고 한다. 이 모두가 관객을 혼란 시키는 과정이다. 관객이 어느 쪽을 가리키든 둘 중 하나, 제거하거나 맨 위에 있는 카드를 가져가도록 한다. 카리스마가 이 부분에 생동감을 불어넣도록 도와줄 것이다.

| 5단계 | 관객에게 카드를 보고 다시 카드 뭉치에 넣으라고 요청한다. 관객에게 뭉치를 잘 섞은 후 돌려달라고 하라.

| 6단계 | 여러분에게는 뛰어난 후각이 있어서 그 카드의 냄새만으로 관객이 뽑은 카드를 찾아낼 수 있다고 말한다. 그 카드를 찾을 때까지 살살이 뒤진다. 일찍이 관객에게 그 카드를 고르게 했기 때문에 여러분은 그게 뭔지 알고 있다. 카드 몇 장의 냄새를 맡고 확신이 없는 듯 연기하다가 카드를 공개하라. 대부분 사람이 놀라며 다음 10분간 계속 카드

여러 장의 냄새를 맡을 것이다. 아주 재미있다! 이 마술은 변형 기술이 많다. 핵심은 카드를 관객에게 '강요'하는 것이다. 강요하는 다양한 방법을 배우면 매우 재미있는 기술들을 생각해 낼 수 있다. 예를 들어 관객이 에이스 하트를 선택할 거라는 사실을 안다면 같은 카드를 말도 안 되는 장소에 미리 놓아둘 수 있다. 손이 빠르다면 관객의 주머니에 카드를 미리 넣어둘 수도 있다. 관객은 정말 놀랄 것이다!

* 주의: 절대, 같은 마술을 곧바로 다시 하지 말라. 관객은 더 집중해서 볼 것이고 각 단계를 과도하게 분석할 것이다.

(더 어렵게) 카드를 쓰거나 쓰지 않는 다양한 마술을 배워 루틴을 만든다. 모르는 사람에게 마술을 선보여라.

(연구) 데이비드 블레인David Blaine은 뛰어난 마술사로, 놀라운 길거리 마술을 보여 준다. 수많은 기발한 착시와 기술을 보여주기로 유명하지만, 나는 그의 길거리 마술이 가장 인상적이라고 생각한다.

매직 서클magic circle은 프로와 아마추어 마술사 커뮤니티다. 특별히 마술에 끌린다면 가입을 고려해 보아도 좋다. 들어가기가 쉽지는 않아서, 가입 오디션을 통과하려면 실력을 키워야 한다.

유튜브는 마술사들에게 훌륭한 플랫폼이니 살펴보고 어떤 팁을 얻을 수 있을지 확인해 보라.

몇 가지 기본적인 마술을 배우는 건 아주 재미있었다. 사람들의 반응이 마음에 들고, 내가 뭘 한 건지 알아내려고 사람들이 애쓰는 모습을 보는 게 재미있기도 하다. 모두 어떻게 한 건지 정말 알고 싶어 하고 어떤 사람들을 그냥 지나치지 못한다. 이런 사람들에게 장난을 치고 이게 진짜 마법인 척하는 건 정말 재미있다.

카드를 '강요'하는 방법을 배운 후에 나는 몇 가지 흥미로운 마술 루틴을 만들기 시작했다. 몇 가지 기본 개념을 익히고 나면, 여기에 다양한 요소를 결합하여 자신만의 루틴을 만들기는 쉽다. 꽤 창의적인 과정이었고, 마술이 지닌 미묘함에 더욱 감탄하게 되었다.

나는 마술 마지막에 카드를 공개하는 화려한 방법을 하나 만들었다. 관객에게 그 카드를 강요하고 나서 카드를 여섯 장 뽑아 관객에게 두 손가락 사이에 끼우라고 한다. 그것들을 정확히만 치면 다섯 장의 카드는 손에서 튕겨 나가고 관객이 고른 한 장만 남게 된다. 복잡하게 들리지만 사실 정말 간단하다. 하지만 나는 이 묘기를 제대로 해내려고 많이 시도해야 했고, 마지막 순간에 여러 번 망쳤다. 카드를 갖고 있는 사람에게 명확하게 지시를 내리지 않고 카드를 전부 방 저쪽으로 날려 버리고는 당황한 관객과 좌절한 마술사로 남기도 했다. 한 번은 이 피날레를 세 번 연속으로 망치자, 친구들이 배꼽 빠지게 웃었다. 내가 짜증을 내면 낼수록 친구들은 더 재미있어했다. 모든 게 아주 재미있었다. 마침내 제대로 해냈을 때 우린 모두 배를 움켜쥐고 웃었다.

시간을 들이고 연습을 해서 이 마술의 마무리를 완전히 익혔고, 이제 이를 선보이고 제대로 해내어 사람들에게 굉장한 반응을 불러일으킬 수 있다. 마술이라는 예술을 탐구하는 일은 정말 재미있었다.

배운 점 자신감이 가장 중요하다. 내가 배운 마술은 모두 매우 단순해서 연습이 아주 많이 필요하지는 않지만, 확실히 어느 정도의 개성이 필요하다. 모두 전달 방식에 달렸으며 이는 개발해 볼 흥미로운 기술이다. 모두의 눈이 자신에게 향할 때면 약간 압박감이 들겠지만, 마술을 제대로 보여주고 실제보다 더 '마법'처럼 보이게 하면 더 환상적인 반응을 얻어낼 수 있다.

이 도전 과제는 내가 관심의 중심이 되도록, 그리고 자기 능력에 실제보다 더 자신감 있어 보이도록 했다. 마술을 선보일 때면 정확하고 자신감 있게 기술을 실행해 좋은 결과를 내야 했다. 잘되면 아주 멋지지만, 딱 맞는 타이밍이 결정적이다.

연습해 온 마술을 완벽하게 하는 데는 약간의 훈련도 필요했다. 몇몇 동작은 계속 반복하고 나서야 수행하는 게 편안해졌다. 공연에 곁들일 느슨한 각본을 만드는 일은 즐거웠고 창의력도 필요했다. 딱 맞는 말을 이곳저곳에 집어넣으면 마술은 정말 활기를 띤다.

이 경험에서 하이라이트는 내 희생자(내 마술을 봐야 하는 꽤 운 없는 사람)들과 나누는 상호작용이었다. 마술은 정말 재미있고, 놀랍도록 사람들을 무장 해제시킬 수 있다. 마술을 선보인 후에 재미있고 흥미로운 대화가 이어지기도 했다.

불편함에 편안함을 느껴라

29. 고강도 인터벌 트레이닝 HIIT: High Intensity Interval Training

부문 신체　**유형** 단기　**난이도** 9(매우 어려움)
소요 시간 30분

무엇을 HIIT 운동은 다양한 유산소 운동으로 할 수 있다. 얼마간 최대 강도로 운동하고, 짧게 휴식을 취하는 방식이다. 그다음, 이 과정을 여러 번 반복한다. HIIT는 보통 꽤 짧지만 격렬하다.

왜 HIIT 운동은 정신적, 육체적으로 모두 어렵다. 이런 유형의 운동은 너무 가혹해서 구토를 유발하기도 한다. 계속하기가 너무 힘들어서 한 번 만에 나가떨어질 수도 있다. 해 볼 생각이 드는가?

어떻게 HIIT 운동은 어떤 유형의 유산소 운동으로도 할 수 있다. 가장 필요한 것은 타이머로, 얼마나 오래 운동했는지 알 수 있어야 한다. 계속 확인할 필요가 없도록 시간이 줄어드는 타이머가 더 좋다. 헬스장 기구는 대부분 타이머가 있어서 이 도전 과제를 완수할 때 사용할 수 있다.

| 1단계 |　HIIT 운동에 활용할 유산소 운동을 결정한다. 선택지로는 달리기, 조정, 자전거 타기, 계단 오르내리기, 수영, 줄넘기 등이 있다. 고를 수 있는 선택지는 더 많으니 제시된 목록에 제한을 두지 말라.

| 2단계 |　가벼운 유산소 운동으로 5분에서 10분 정도 몸을 푼다.

| 3단계 |　이제 20분 동안, 1분은 온 힘을 다해서(완전히 죽자 살자), 다음 1분은 가볍게(주여, 감사합니다) 회복 유산소 운동을 한다. 이런 식으로 열심히 하다 보면 운동은 꽤 금방 끝난다. 총 10분 동안, 가벼운 회복 유산소 운동을 곁들이며 극도로 힘든 운동을 하게 된다.

| 4단계 |　가벼운 유산소 운동으로 숨을 가라앉힌다.

| 5단계 |　회복한다.

더 어렵게　회복 시간을 30초로 줄이고 HIIT 운동 전체 길이를 늘여 더 어렵게 할 수도 있다.

연구　헬스장이나 스포츠 클럽에서 하는 HIIT 수업에 참여해 보라. 시도해 볼만한 온라인 HIIT 루틴도 아주 많으니, 찾아보고 영감을 받는다.

　파틀렉Fartlek은 스웨덴어로 '속도 게임'을 뜻하며 엄밀히 따지면 HIIT 운동은 아니지만 특별히 러너들을 겨냥한 인터벌 트레이닝의 일종이다. 목표는 환경을 기반으로 자기만의 인터벌을 만드는 것이다. 예를 들어 가로등 두 개가 보이면, 그 사이를 전력 질주하는 데 도전해 볼 수 있다. 나무, 집, 벤치 모두 괜찮다. 선택지가 너무 많아서 유일한 한계는 여러분의 창의력뿐이다. 목표는 달리면서, 반복해서 인터벌을 만드는 것이다. 기분에 따라 격렬하게 혹은 더 가볍게 할 수도 있다. 이렇게 스스로 부여한 인터벌은 여러분이 창의력을 발휘하고 달리기에 속력을 붙이도록 떠밀 것이다. 정말 재미있는 운동이고, 체력을 많이 향상할 수 있다.

내 경험 이러한 유형의 운동은 격렬하다. 나는 심폐지구력을 향상하기 위해 HIIT를 활용했고, 시간에 쫓길 때 빠르게 운동할 수 있는 쉬운 방법이라 생각했다. '쉬운'은 잘못된 단어였다.

HIIT 운동을 처음 한 건 헬스장의 조정 기구에서였다. 어떻게 시간을 나눌지 계획을 세우고 몸을 풀었다. 동기 부여 음악을 틀고 정말 열심히 운동하기 시작했다. 1분 만에 꽤 지쳐서 회복 시간을 반갑게 맞이했다. 그게 어쩌면 그 운동에서 유일하게 '쉬운' 구간이었을 것이다. 격렬히 운동하는 구간을 시작할 때마다 더욱더 힘들어졌다. 10분만 하면 되었지만, 너무너무 힘들게 느껴졌다. 한계까지 자신을 밀어붙이는 데는 엄청난 집중력이 필요했고 회복 시간은 충분치 않았다.

HIIT 운동이 끝날 무렵에는 몸이 산산조각 난듯했다. 계속 구역질이 나고 다리가 후들거렸다. 즉시 두통이 생겼고 정말 끔찍한 기분이었다. 운동이 너무 힘들었기에 회복 시간도 운동한 시간만큼 걸렸다.

이제 자신을 정말로 밀어붙이고 싶을 때나 시간이 없을 때 HIIT

운동을 활용한다. 한 번 하고 나면 꽤 진이 빠지기는 한다. 폭발적인 힘을 기르는 데 아주 좋은 방법이라서, 달릴 때 HIIT를 자주 활용하려고 한다. 나는 '파틀렉'을 좋아하고, 달리기에 양념을 더하는 아주 재미있는 방법이라고 생각한다.

배운 점 어떻게 이렇게 짧은 운동이 그렇게 힘들 수 있는지 놀랍다. 절대 한계에서 운동하는 건 너무 불편해서 그만두지 않으려 힘겹게 싸워야 했다. 그 정도로 끔찍하게 느껴지면 쉽게 그만두고 싶은 마음이 든다. 이 모든 경험이 **의지력과 결단력을 키우는 훈련**이었다.

첫 HIIT 운동을 마치고 나서, 다시 할 것이 걱정되었다. 연습해 볼 아주 좋은 정신적 저항이어서 스토아 철학과 불교 철학을 제대로 시험해 볼 수 있었다. 현재에 집중하려고 노력하며, 다가올 힘든 상황에 대해 생각하지 않으려는 것은 흥미로운 경험이었다. 특히 그 후에 끔찍한 기분이 들 것이라는 걸 알면서도 말이다!

30. 바늘로 치유하기

부문 정신   **유형** 단기   **난이도** 5(중간)   **소요 시간** 1~3시간

무엇을 이 도전 과제의 목표는 침 치료를 받는 것이다. 침술은 수세기 동안 이어져 온 한의학漢醫學의 한 형태로, 현재 서구에서도 널리 사용되고 있다. 침술사는 환자의 에너지 흐름을 자극하고 치유 및 신체의 균형을 위해 매우 가는 바늘을 환자의 몸에 삽입한다. 이 바늘은 환자가 필요로 하는 부위에 전신에 걸쳐 배치되며, 물론 얼굴에도 적용된다.

왜 침술은 100퍼센트 안전하지만, 많은 바늘이 몸에 삽입된다는 것은 다소 위협적으로 느껴질 수 있다. 설령 그것이 터무니없다고 생각하거나 효과가 없다고 여겨지더라도, 바늘이 예상치 못한 장소에 꽂히는 독특한 경험을 할 수 있다. 그 과정에서 분명히 이상하고 낯선 감각들을 느끼게 될 것이다. 이 도전은 바늘에 대한 두려움을 극복하는 데 훌륭한 기회가 될 것이다.

어떻게 완벽하게 건강을 유지하고 있더라도, 침술은 제법 도움이

될 수 있다.

| 1단계 | 사는 지역에서 침 치료를 받을 수 있는 곳을 알아본다. 어디로 갈지 결정하기 전에 비용과 침술사의 자격을 따져보라. 전통적인 방식일수록 더 좋다고 생각한다.

| 2단계 | 침 치료를 예약한다. 침술사는 당신의 건강 상태에 대해 묻고, 침술로 해결하고 싶은 부위에 대해 상담할 것이다.

| 3단계 | 예약 시간에 가서 인간 고슴도치가 되는 느낌을 경험한다.

| 4단계 | 또 다른 도전 과제를 완수한 걸 경축한다.

더 어렵게 침술을 정기적으로 받는 것을 고려해 보라. 경험이 익숙해질 때까지 계속 받다 보면, 어느 부위에나 바늘이 꽂히는 것에 점차 편안해질 것이다.

또 다른 대안은 여러분이 경험해 본 적 없는 치료법을 탐색하는 것이다. 부황도 컴포트존에서 내쫓길 수 있는 방법이다. 그 밖에도 해 볼 만한 재미있고 흥미로운 대체 요법이 아주 많다.

연구 침술 관련 규제 기관을 인터넷으로 검색해 보라.

보다 더 전통적인 침술인 오행 침법Five Element Acupuncture도 살펴볼 가치가 있다.

처음 침 치료를 받으러 가기 전에 나는 심각한 바늘 공포증이 있었지만, 그래도 정면으로 부딪쳐 보기로 마음먹었다. 침술에 대해 들은 좋은 이야기가 많아서 꼭 시도해 보고 싶었다. 집 근처에 중국 전통 스파가 있어서 그냥 들어가서 받아보기로 결심했다. 이 경험이 정말 나를 시험할 것이라는 걸 알고 있었다.

모두 매우 친절했지만, 영어 수준이 낮았다. 한참이나 손짓, 발짓이 오간 후에 침술사는 나를 뒷방으로 데려갔다. 솔직히 말하자면, 긴장한 탓에 땀이 엄청 많이 났다. 속옷만 남기고 옷을 모두 벗은 후 침술사가 내 혀를 검사했다. 그 후 몇 가지를 메모한 후에 나에게 침대에 누우라고 지시했다. 나는 바짝 긴장했다.

준비 시간이 영원처럼 느껴졌다. 한참 동안 뒤쪽에서 쨍그랑거리는 소리가 흘러나오고 소독약 냄새가 풍겨왔다. 시간이 한참 지난 후, 침술사는 바늘을 들고 나에게 다가왔다. 남자는 정수리에서 출발해 내 머리카락을 만지작거리기 시작했다. 누르는 느낌이 나더니 따끔했다. 생각보다 참을 만했다. 5분도 지나지 않아 내 몸은 완전히 침으로 뒤덮였다. 얼굴, 팔, 다리, 배, 손, 발에 침이 꽂혀 있어서 영화 〈헬레이저Hell-raiser〉의 악당 핀헤드라도 된 듯했다. 멋졌다. 땀이 났고 여전히 원하는 만큼 긴장을 풀지는 못했지만, 마음의 평정을 유지하는 데 집중했다.

침술사는 중국 전통 음악 CD를 틀었다. 10분 후에 돌아오겠다고 말하고는 나만 남겨둔 채 방을 나갔다. 나는 눈을 감고 호흡에 집중하며 몸에 느껴지는 감각에 주목하기 시작했다. 완전히 긴장이 풀려 잠이

들락 말락 하는데, 무언가가 내 주의를 끌었다. CD가 튀기 시작했던 것이다. 중국 전통 악기의 끔찍한 소리가 계속해서 부딪히는데, 나는 속수무책으로 바라보고만 있었다. 침술사가 바로 와서 이 문제를 해결해 주리라 생각하며 기다렸다. 시간은 계속 흘렀지만, 그는 어디에서도 나타나지 않았다.

자리에서 일어나 음악을 끄려다가 침으로 뒤덮인 몸을 내려다보며 마음을 고쳐먹었다. 사람을 불러보았다. 아무 일도 일어나지 않았다. 다시 불러봤다. 아무 대답이 없었다. 세 번째 시도 끝에 포기했다. 상황을 받아들이고 이 도전의 다른 면을 보는 전략을 써보기로 했다. 아주 불교 신자 같지 않은가? 얼마나 우스꽝스러운 상황인지 보이기 시작하자마자 웃음이 터져 나왔다. 마치 고대 중국의 고문처럼 느껴졌지만, 이건 전적으로 내 스스로가 자초한 일이었고, 달리할 수 있는 게 없었다.

20분 후, 침술사가 돌아와 바로 CD 플레이어를 껐다. 무슨 일이 있었는지 설명하려 했으나 침술사는 이해하지 못했다. 그는 곧바로 몸에서 침을 뽑기 시작했고, 그 과정에서 온몸에 따끔거리는 느낌이 남았다. 순식간에 경험은 끝이 났고 집으로 걸어오며 목록에서 또 하나의 도전에 완료 표시를 했다. 우쭐한 기분이 들었다.

첫 번째 침술 경험 이후, 몇 번 더 방문하며 부항 치료도 함께 받았다. 결국 나는 바늘에 대해 훨씬 더 자신감을 갖게 되었고, 점차 그 과정 속에서 편안함을 느끼게 되었다.

배운점　이 경험은 내가 고통에 대해 어떻게 인식하는지에 대해 많은 것을 가르쳐 주었다. 침을 맞으면 아플까 봐 걱정했고 침으로 온몸이 뒤덮인다는 생각에 겁이 났다. 하지만 치료를 받아보고 나서 마음이 완전히 바뀌었다. 나는 침술을 과장해서 걱정했고, 실제로 일어날 일에 대해 비현실적인 생각을 가지고 있었다. 여기서 얻은 교훈은 **경험을 미리 판단하지 말아야 하며, 실제 상황으로만 판단하고 다른 어떤 걸로도 부풀리지 말라는 것**이다.

또한 인생에서 웃음을 잃지 않는 것이 중요하다는 것도 배웠다. 침술 침대에 눕혀져 CD가 끊어지는 상황은 꽤 웃긴 일이었다. 너무 심각해져서 그런 일에 흥분하면 상황에 도움이 되지 않았을 것이다.

이 모든 경험을 마친 후에 나는 여행을 위해 예방접종을 해야 했다. 예전에는 주사를 맞을 때마다 화를 내고 스트레스를 받곤 했지만, 침 치료를 여러 번 받은 후에는 전혀 문제 없이 주사를 맞을 수 있었다. 나는 그 어느 때보다 훨씬 더 편해졌다. 진전이다!

31. 록키처럼 줄넘기하기

부문 신체 **유형** 중기 **난이도** 7(어려움) **소요 시간** 며칠

무엇을 권투선수처럼 줄넘기하고 다양한 줄넘기 기술을 수행하라.

왜 줄넘기는 훌륭한 운동 형태다. 조정력과 심폐지구력을 발달시키고 팔과 다리의 근력을 높일 수 있다. 줄넘기는 몸을 데우는 훌륭한 방법으로, 다른 운동을 시작하기 전에 혈액 순환을 돕는 뛰어난 운동이다. 또한 장비가 거의 필요 없고, 작은 공간만 있으면 할 수 있다는 장점이 있다.

기술을 익히고 트릭을 추가하며 제대로 줄넘기를 배우는 데는 시간이 걸릴 수 있다. 부드럽게 줄넘기를 하기 위해선 기술과 정밀함이 필요하며, 그 과정에서 좌절감을 겪을 수도 있다. 하지만 그만큼 도전해볼 가치가 충분한 운동이다!

어떻게 줄넘기는 자연스럽게 느껴지기까지 조금의 연습이 필요하므로, 꾸준히 계속해 보길 바란다.

| 1단계 | 줄넘기를 구입하라. 이는 매우 저렴하며, 플라스틱 끈이나 가죽 끈으로 되어 있다. 줄의 길이가 적당한지 확인하는 것이 가장 중요하다. 팔이 자연스럽게 늘어졌을 때 줄 양 끝을 잡고 서면, 줄이 바닥에 닿고 여유가 있어야 한다.

| 2단계 | 몇 개의 온라인 교습 영상을 시청하여 기술에 대한 감을 잡아 보고, 이를 기준으로 삼아 연습을 시작한다.

| 3단계 | 줄넘기 줄의 양 끝을 각각 손에 쥐고, 머리 위로 (머리 뒤에서 앞쪽으로) 휘둘러 바닥을 향해 내린다. 이 동작은 큰 팔의 움직임보다는 손목을 사용하여 가볍게 튕기는 동작에 가까워야 한다.

| 4단계 | 줄이 발에 가까워졌을 때 폴짝 뛴다. 이때, 큰 힘을 들여 허리 높이로 뛰는 것이 아니라, 작은 걸음을 걷듯 가볍게 뛰어넘는 것이 중요하다.

| 5단계 | 점프한 후에는 머리 뒤에서 줄을 휘둘러 발 아래로 지나가게 하라. 이 과정을 반복하여 줄을 넘는 데 익숙해질 때까지 계속 연습하라. 기술을 제대로 익히면, 이 과정이 훨씬 수월해질 것이다.

| 6단계 | 자신의 루틴을 더 재미있게 만들기 위한 몇 가지 기술을 배워 보자. 시도해 볼만한 기본적인 기술로는 '팔 교차해 뛰기', '한 발 뛰기', '8자 돌리기' 등이 있다. 배울 수 있는 기술은 정말 많으므로, 시간을 들여 조사해 보라.

| 7단계 | 다른 운동을 하기 전 몸을 푸는 방법으로 줄넘기를 활용한다.

더 어렵게 더 많은 기술을 배우고, 완성도 있는 루틴을 개발해 보라. 한 번 뛸 때 줄을 2번이나 3번 돌리는 '이중'과 '삼중' 뛰기를 루틴에 도입하기는 매우 어렵다.

멈추지 않고 100번 해 본다. 이게 너무 쉽다면 500번을 시도해 보라. 그래도 여전히 쉽다면, 1,000번을 중단 없이 도전해 보자.

연구 영화 〈록키Rocky〉의 훈련 장면을 보고 영감을 받아라.

인터넷으로 줄넘기 기술을 자랑하는 유명 권투선수들을 검색해 보라. 무하마드 알리나 앤서니 조슈아가 좋은 출발점이 될 것이다.

내 경험 제대로 줄넘기를 배우는 데는 시간이 꽤 오래 걸렸다. 지지부진한 과정이었고 인내심을 시험당했지만, 발전시켜 볼만한 아주 좋은 기술이었다. 이제는 운동을 시작하기 전에 빠르고 간편하게 몸을 풀기 위해 줄넘기를 활용하고 있다.

처음 구입한 줄은 너무 짧았다. 아마 어린이용 줄이었던 것 같다. 한참 동안 답답해하다가 할 수 없이 조언을 얻으려 인터넷을 검색했다. 그중에서 가장 기억에 남는 조언은 바로 줄의 길이에 관한 것이었다. 그때 내 자신이 너무 어처구니없다는 생각이 들었다. 분명 어린이용 줄넘기를 쓰고 있었으니 말이다. 물론 파워레인저 그림이 그려져 있는 건 아니었지만, 누가 봐도 확실히 작았다. '하기 쉬운 실수'라고 계속해서 스스로 위로하며, 곧장 어른용 줄넘기 줄을 사러 갔다. 그 순간부터 모든 것이 훨씬 쉬워졌다.

흐름을 깨지 않고 자신 있게 줄넘기를 할 수 있게 되기까지는 시간이 걸렸다. 10번 넘기를 목표로 시작했다. 10번을 할 수 있게 되자 20번으로 목표를 올렸다. 이렇게 점차 목표를 늘려가면서, 결국 100번을 어렵지 않게 넘길 수 있게 되었다. 그다음에는 기술을 결합하기 시작했다. '팔 교차해 뛰기'가 내가 배운 첫 번째 기술이었다. 매끄럽게 하기까지는 시간이 꽤 걸렸지만, 기술을 조금 섞어서 해 볼 수 있었다. 이후에는 다른 기술들도 배우기 시작했고, 이제는 여러 가지 흥미로운 줄넘기 기술을 자유롭게 수행할 수 있게 되었다. 이 모든 과정을 거치면서 '록키' 같은 모습의 나를 상상했다. 어쩌면 여러분도 마음속에 이런 그림을 떠올릴 수 있을 것이다.

배운 점 줄넘기는 인내심을 시험하는 아주 훌륭한 도전이었다. 연속 줄넘기 기록을 갱신할 때마다 실수하는 횟수가 너무 많았다. 가끔은 줄넘기 줄이 나를 저주라도 한 것처럼, 일부러 방해하는 듯한 느낌이 들기도 했다. 그럼에도 불구하고 나는 포기하지 않았고, 여러 어려움을 맞닥뜨렸지만 결국에는 기술을 발전시키는 데 성공했다.

이 기술은 좌절감에 대항하기보다 좌절감에 대처하는 것의 가치를 가르쳐주었다. 긴장이 풀릴수록 새로운 기술을 익히는 게 쉬워졌다. 반대로, 좌절하고 긴장하게 되면 그 과정은 점점 더 느려졌다. 균형을 찾고 여유 있는 방식으로 이 기술에 접근하다 보니 결과에 커다란 차이를 만들어

냈다.

줄넘기는 올 한 해 동안 배워온 많은 교훈을 강화하는 데에도 큰 도움이 되었다. 꾸준함을 유지하고, 긍정적인 태도를 갖추며, 부정적인 인식을 다루는 법을 배우는 데 도움을 주었다.

다음에는
뭘 해 볼까?

지금쯤이면 여러분은 도전 과제들이 어떻게 진행되는지, 그리고 그것들이 무엇을 목표로 하는지에 대해 알게 되었을 것이다. 이 책을 읽어 나가면서 실험적인 접근으로 도전 과제들을 실천해 보기를 권장한다. 컴포트존을 떠날 때마다 여러분은 정신적으로 더 강해질 테고, 삶에 닥친 어려운 상황에 대처하는 능력이 향상될 것이다. 나는 진심으로 이 책에 있는 도전 과제들을 정말 재미있게 할 수 있을 거라고 생각한다. 영감을 받아 도전해 보고 회복탄력성을 발전시키기 시작하길 바란다.

이 책에 나온 과제들을 해 본 후에는 다음 단계는 무엇일지 생각하기 시작할지도 모른다. 다행히도 이 책에서 읽은 아이디어와 도전 과제들을 확장하고 발전시킬 여러 가지 선택지가 있다.

가장 먼저 시작해 볼 것은 다시 처음으로 돌아가서 각 도전의 '더 어렵게' 부분을 실행하는 일이다. 이렇게 하면 확실히 더 까다로운 상황을 연습할 수 있다. 이들은 완수하는 데 훨씬 더 많은 노력이 필요해서, 적당한 수의 어려운 일에 몰두해 볼 수 있을 것이다.

경험한 아이디어 중 일부를 더 자세히 살펴보아도 좋다. 몇 가지 기술과 활동에 영감을 받아 새로운 취미를 한두 가지 정도 얻었기를 바란다. 이 관심사들을 발전시키는 데 시간을 투자하는 것은 에너지를 훌륭하게 활용하는 방법이 될 것이며, 그 과정에서 멋진 인생 경험을 하게 될 것이다.

멈추지 않고 꾸준히 자기 계발 하는 과정은 중요하다. 도전 과제를 완수하면서 배운 기술을 활용하려면, 어느 정도 규칙적으로 그 기술을 확인해 보기를 제안한다. 예를 들어 루빅큐브를 맞추는 법을 배웠다는 데에 만족하고 기술을 잊어버린다면 정말로 안타까운 일이다. 처음에는 일주일에 한 번씩 큐브를 맞춰야 그 방법을 기억할 수 있을지도 모른다. 하지만 시간과 연습이 거듭되면 그렇게 자주 확인할 필요 없이 한 달에 한 번 정도 맞춰볼 수 있다. 나도 가끔 루빅큐브를 맞춰보며 아직도 풀 수 있는지 확인해 본다. 기억나지 않는다고 생각될지라도 큐브를 손에 잡자마자 맞추는 방법이 홍수처럼 밀려온다. 내 기억력의 능력이 놀라울 뿐이다.

체력도 마찬가지다. 나는 정신력을 강하게 유지하는 방법으로 스포츠와 신체 도전을 활용한다. 체력을 한결같이 유지하기는 어려울 수 있지만 결국 그만한 가치가 있다. 몸 상태를 좋게 유지해야 하는 이유는 아주 많지만, 나는 규칙적인 운동을 계속하는 일이 균형 잡힌 생활 방식을 위해 필수라고 생각한다. 회복탄력성을 높일 뿐만 아니라 의지력과 건강도 더 좋아질 것이다.

도전 과제를 사교 행사로 바꾸는 건 과제를 완수하는 아주 재미있는 방법이다. 친구들을 끌어들여 정신적 지원을 받고 그들을 격려해 함께 활동에 참여하면 그 경험이 완전히 달라질 것이다. 특히 매우 어렵게 느껴지는 과제를 함께 할 때 눈에 띄게 드러난다. 친구의 지원을 받으면 두려운 일을 덜 고통스럽게 만들어주고, 자주 회상하는 소중한 추억으로 남게 될 것이다.

자녀가 있다면 몇 가지 도전을 자녀와 함께해 보는 건 어떤가? 도전 과제들을 가족 모험으로 바꿔볼 수도 있다. 핵심은 목록을 따라가며 도전할 때 유연하게 하고, 필요하면 조정하는 것이다. 여러분의 8살 자녀가 24시간 금식을 하고 싶을지 확신할 수 없고, 이것은 논쟁을 일으킬 수도 있다. 상황에 맞게 과제를 바꾸면 모든 준비는 끝난다.

나만의 도전 목록을 개발하는 것은 앞으로 나아갈, 또 하나의 훌륭한 방법이다. 희망컨대, 이미 자신에게 적합한 도전 과제 아이디어들을 모으기 시작했기를 바란다. 내 목록과 여러분의 목록에 있는 아이디어를 결합한다면 충분히 바쁘게 지낼 수 있을 것이다!

도전의 날

이 책에 있는 일부 도전 과제에 접근하는 흥미로운 방법은, 힘들기는 하겠지만, '도전의 날'을 정하는 것이다. 목표는 24시간 안에 가능한 한 많은 도전 과제를 완수하는 거다. 혼자 하거나 친구들과 해 볼 수도 있다. 무엇이든 개인적으로 적합한 방식으로 해 볼 수 있고, 또한 색다르고 지치는 하루가 될 확률이 높다. 금세 잊지 못할 하루가 되리라 자신한다. 삶에서 가장 별난 하루가 될 수도 있다.

도전 휴가

의도적으로 새롭고 모험적인 활동을 찾아 여러분을 컴포트존에서 완전히 밀어낼 '도전 휴가'를 떠날 수 있다. 홈스테이 프로그램에 참여해 외국어에 몰두해 볼 수 있다. 간간이 새로운 스포츠를 시도하고, 새로운 음식을 먹고, 새로운 기술을 배울 수 있다. 항해 휴가를 떠나 배를 조종하는 법을 배워볼 수도 있다. 승마를 할 수도 있다(여러분이 말을 정말 싫어하고 정신이 나갈 정도로 무섭다 해도). 아니면 래프팅과 스카이다이빙, 번지 점프로 아드레날린이 솟구치는 익스트림 스포츠식 휴가를 선택하라. 가능성은 무궁무진하다.

'도전 휴가'는 아무 지식도 없거나 가기 불안한 나라에 가는 것만큼이나 간단하게 할 수 있다. 나는 인도에서 사람들이 병에 걸린다는 부정적인 이야기를 한두 번 들은 적이 있었기 때문에 항상 인도를 여행하는 것이 조금 걱정스러웠다. 여행 다큐멘터리도 여러 편 봤지만, 뉴델리 같은 도시의 무질서를 개인적으로 감당할 자신이 없었다(고정 마인드셋에 관해 말해 보라). 완벽한 도전 같아 보여서 나는 비행기표를 끊고 모험을 떠났다.

막상 가보니 나는 인도가 정말로 마음에 들었고, 그곳에서 놀라운 경험을 했다. 때로 힘들었고 병에도 걸렸다. 타지마할 옆에 있는 휴지통에 토하고(지나고 보니 웃길 따름이다) 며칠 동안이나 침대 신세를 졌다. 하지만 그건 그다지 나쁘지 않았고 모두 훌륭한 정신 훈련이었다. 확실히 상황을 재구성하는 연습을 할 수 있었다.

인구 밀도가 아주 높고 교통 체증이 다른 나라와는 비교할 수 없을 정도로 심했다. 길의 한가운데서 헤매는 소들이 있었다. 어떤 젊은 남자가 좋은 가격에 귀를 파주겠다며 길에서 쫓아온 적도 있다. 금속 귀이개가 귀지로 덮여 흉측하게 보였기에 거절했다. 어찌나 낯선 제안이었던지.

그 나라는 모든 면에서 경이롭고 흥미진진했다. 덥고 붐비고 내가 전에 경험해 본 어떤 것과도 다른 가난이 있었지만, 결코 잊지 못할, 진정으로 값진 경험이었다. 가끔 내 컴포트존 밖이라고 느꼈지만, 좋은 일이었다. 그 여행은 컴포트존을 벗어나기 위한 아주 좋은 방법이었고, 나는 바로 그 이유로 새로운 곳을 찾아가고 새로운 음식을 먹고 새로운 사람들을 만나는 것이 좋았다.

세상에는 못 할 게 없다. 올바른 마음가짐과 모험에 열린 마음을 갖추고 있다면 어디라도 갈 수 있고 삶을 완전히 바꿀만한 뜻깊은 휴가를 보낼 수 있다. 무섭고 항상 너무 겁먹어서 시도하지 못했던 일들을 의도적으로 찾아 나서는 것은, 이 책의 개념이 스며들어 진정으로 여러분의 삶에 차이를 만들었는지 확인하는 훌륭한 방법일 것이다. 단지 장거리 비행기에 오르는 게 여러분의 도전일 수도 있다. 누가 알겠는가? 여러분만이 결정할 수 있고 가능성은 모두 아주 흥미진진하다.

역경의 해에 얻은 교훈

▲
_____

도전 과제들을 완수하면서 스스로에 대해 아주 많이 배웠고 커다란 변화를 경험했다. 놀라운 한 해였고 마음을 다시 통제하게 되었다고 느낀다. 불안의 정도는 사상 최저치였고, 어려움을 감당하는 능력은 전보다 훨씬 더 좋아져서 이 프로젝트는 완전히 성공했다고 생각한다. 다음 단계는 이 개념을 다른 이들과 공유하고 그들의 삶에(바로 여러분) 중요하고 긍정적인 변화를 불러올 수 있기를 바라는 일이다.

하지만 쉽지 않은 한 해였고 내 역량의 한계까지 다다른 힘든 순간도 아주 많았다. 실패, 놀람, 좌절, 실망으로 점철되었지만, 이 모든 것이 여정의 일부였다.

이 한 해가 나에게 무엇을 가르쳐 주었는지 오랫동안 열심히 생각했고, 이 프로젝트에서 얻은 가장 강력하고 변화를 일으킬 수 있는 교훈 10가지를 여러분과 나누고자 한다.

교훈 1: 스스로 정한 장벽

역경을 훈련해 온 한 해 동안 가장 여러 번 반복된 것 중 하나는 바로 '자기 제한적 신념'이었다. 내가 무언가를 할 수 없을 거라고 여겼던 시간은 제법 길었다. 할 수 없을 거로 생각했던 무언가를 시도할 때마다 항상 내가 인식했던 현실과 진짜 현실이 얼마나 다른지 깜짝 놀랐다. 만약 '역경의 해'에서 이 교훈을 가져다가 삶의 모든 영역에 적용할 수 있다면 내가 할 수 있으리라 상상조차 하지 못한 일들을 이뤄낼 수 있을 것이다. 마라톤을 완주하리라고 생각해 본 적 없었고, 책을 쓰리라 생각한 적도 없었으며, 금식을 할 수 있다고 생각한 적도, 찬물 샤워를 할 수 있다고 생각한 적도 없었다. 그리고 외국어를 배울 수 있으리라 생각한 적도 절대 없었다. 내가 할 수 없을 거로 생각한 것들의 목록은 아주 길었다.

이 프로젝트는 전부 내가 생각하는 방식에 가치 있는 통찰을 주었다. CBT(인지행동치료)는 여기에서 거대한 영향력을 행사했고, 자동으로 튀어나오는 부정적인 생각에 깊이 의문을 제기하는 데 도움을 주었다. 이렇게 생각하고 매일 자기 제한적 신념과 마주치는 사람이 나뿐만은 아니란 걸 안다. 주위를 둘러보면 이런 마음가짐은 어디에나 있다. 우리는 모두 스스로 한계를 정하지만, 나는 이런 장벽을 극복하는 것이 중요하다고 믿는다. 아주 조금이라도, 컴포트존에서 자신을 밀어내면 이 장벽을 허물기 시작할 수 있다. 그리고 그 장벽이 무너지기 시작하는

불편함에 편안함을 느껴라

순간, 우리는 잠재력의 세계로 들어설 것이다.

여러분은 생각보다 훨씬 더 역량이 있다. 이전에 할 수 없다고 생각했던 일들을 해내서 이 이론을 시험하면 이를 알 수 있다. 무언가에 대한 잘못된 인식이 성공의 기회를 앗아가게 하지 말라. 이는 내가 깨달아야 했던 큰 교훈이고, 스스로 정한 장벽을 여러 번 극복하고 나서야 진심으로 이해되었다. 어쩌면 결국 내 꿈도 현실이 될 수 있다.

교훈 2: 끈기

끊임없이 실패했지만, 이런 실패에도 굴하지 않고 계속해 나가는 일은 나에게 또 다른 거대한 교훈을 주었다. 끈기 있게, 절제하면서 해 나가다 보니 성공했다. 이렇게 결과를 보는 일이 절대 포기하면 안 된다는 것을 보여 준 가장 설득력 있는 주장이다. 진정으로 이해하기 위해 내가 직접 경험해야 했던 일이다. 직접적인 경험이 훌륭한 선생이다!

한 해 동안 많은 기술을 발전시키면서 나는 계속해서 저항을 뚫고 밀어붙여야 했다. 몇 가지 까다로운 기술을 배우는 데 시간이 가장 많이 걸렸지만, 패배를 받아들이지 않는 것이 성공의 열쇠였다. 일본어를 계속 공부하기는 매우 힘들었지만, 정신적 저항을 극복한 후에야 만족스러운 진전을 이룰 수 있었다. 이제 일본어로 자연스럽게 대화를 나눌 수 있다는 사실이 아직도 믿기지 않는다. 스카이프에서 선생님과 외국어로 이야기할 때면 가끔 볼을 꼬집어 봐야 할 정도다.

배우고 싶은 일에 충분히 시간을 투자하는 것만으로 목표를 간단하게 달성할 수 있다. 방법이 효과가 없을 때마다 접근 방식을 약간 조정했지만 그럼에도 계속 나아갔다. 중요한 건 되지 않는 일에 얼마나 공을 들이는가다. 고집을 부리고 되풀이해서 같은 것을 하고 또 하는 게 해답은 아니다. 끈기는 도전 과제에 접근하는 방식을 조정하는 능력과 결합되어야 한다. 여러 각도로 시도하는 것이 끈기가 빛을 발하는 열쇠다. 접근 방식과 실패로부터 배우는 교훈에서 알맞은 균형을 찾는 일이 매우 중요하다.

절대 포기하지 않고 끈기 있게 하는 것은 놀랍도록 유용한 교훈이고 근사한 기술들을 얻는 데 도움이 되었다.

교훈 3: 집착

이따금 따뜻한 물로 샤워한다. 하지만 아무에게도 말하지 말라….

진심으로 말하건대, 본격적인 '추격 모드'에서 벗어나 휴식을 취하는 건 정말로 문제가 되지 않아야 한다. '역경의 해'는 굉장했지만, 나는 자신을 너무 엄격하게 대해서 거의 집착하는 지경까지 이르렀다. 일본어, 명상, 글쓰기 등 하루 할당치를 채우지 못하거나 운동을 건너뛰게 되면 극도로 좌절감을 느꼈다. 내려놓고 모든 것에 대해 좀 더 긴장을 풀도록 노력했다면 도움이 되었을 것이다. 핵심은 이 모든 것에 집착하지 않고 주변 사람들을 짜증 나게 하지 않는 것이다.

친구 하나와 시골을 구경하고 뉴캐슬에 가기 위해 영국 북부로 자동차 여행을 떠났다. 한 번도 가본 적이 없는 곳이라 그 도시를 볼 생각에 신이 났다. 나는 '가능한 한 많이 도전하는 모드'였기 때문에 주위 사람들이 제법 짜증이 났을 것이다. 나는 얼음처럼 차가운 강과 호수에 들어가겠다고 고집을 부렸고 끊임없이 도전할 것들을 찾고 있었다. 조금 물러나 너무 치열하게 하지 않았다면 더 좋았을 것 같다.

인생에서 큰 변화를 만들면 매우 큰 힘을 얻을 수 있어 그 변화에 집착하게 된다. 중독성이 강하고 삶을 사는 방식을 지배할 수 있다. 내가 싫었던 것은 진전이 없거나 계획을 계속하지 않을 때였다. 확고부동은 장기적으로 더 큰 방해물이 되었다. 처음에는 내 삶에 굉장한 변화를 가능하게 했고 내가 일을 마무리하게 해주었다. 환상적이었다. 하지만 얼마 후에는 그날 하고 싶었던 일을 해내지 못하면 아주 안달이 났다. 그날의 실패에 집중했던 것이다. 항상 교훈을 찾는 것이 더 건강한 태도였을 테고 불필요한 짜증을 줄일 수 있었을 것이다.

때때로 원하는 모든 것을 달성할 수는 없다. 삶은 방해가 된다. 운동을 못 하고, 좋지 않은 음식을 먹고, 잘못된 말을 하고, 좌절하고, 자신이 쓸모없다고 느껴질 것이다. 그게 정상이다. 이런 상황에 현명하게 대응하는 것이 가장 중요하다. 긴장을 풀고 일에 차질이 생긴다고 걱정하지 말고 계속 나아가라. 자신에게 엄격한 태도는 역설적이게도 축복이 자 저주다. 동기 부여는 되겠지만 무언가를 성취하지 못했을 때 끔찍하게 느껴질 것이다. 이 감정에 집중하지 말라. 앞날을 기대하며 긍정적인 태도로 항상 교훈을 찾아라. 자신에게 너무 엄격해지지 않는 것이 지녀야 할 중요한 기술이다. '원숭이도 나무에서 떨어진다'라는 속담이 있다. 완벽한 사람은 없다는 말이다. 우리는 모두 결점이 있다. 결점을 받아들이고 그것이 우리 자신에 대해 무엇을 가르쳐 주고 있는지 찾는 일이 중요하다.

나는 여전히 역경을 끊임없이 연습하지만, 덜 격렬한 방식으로 한다. 이제 훨씬 더 균형이 잡혔고, 이 방식이 나에게 잘 맞는다고 느낀다. 궁극적으로 자신에게 더 관대해지면 지속 가능해지고 육체적, 정신적인 번아웃을 피할 수 있다. 때때로 늦잠을 자거나 운동을 건너뛰게 되면 이제 그 상황에 훨씬 더 잘 대처한다. 에픽테토스에게만 말하지 말아달라. 내가 침대에 몇 시간 더 누워 있을 때 그가 이불을 걷어 젖히고 게으른 스토아 철학자에 대한 강의를 줄줄이 늘어놓는 건 내게 전혀 필요치 않다.

교훈 4: 성취에 집중하기

이미 달성한 것에 초점을 맞추는 것이 매우 도움이 되었다. 이 책에 있는 도전 과제들을 시작하자마자 자신감은 올라갔다. 이미 극복한 일들에 집중하기 시작했을 때, 그것은 정말로 나를 앞으로 나아가게 하는 데 큰 도움이 되었다. 성취한 것에 집중하는 방법은 특별한 방식의 '메모하기'였다. 최근 '멋진 일을 담는 병the jar of awesome'이라는, 굉장히 마음에 드는 기법에 관해 읽었다. 팀 페리스Tim Ferris의 저서 『지금 하지 않으면 언제 하겠는가Tribe of Mentors』에 소개되어 있는데, 꼭 한 번 읽어 보길 바란다. 이는 좋은 일이 일어날 때마다 메모해서 병에 넣는다는 개념이다. 병은 디지털 기기(휴대폰이나 컴퓨터의 메모장)나 실제 병일 수도 있지만, 핵심은 긍정적인 일이 일어날 때마다 메모하는 거다. 누군가 여러분을 위해 문을 잡아주는 것처럼 단순한 일부터 직장에서의 승진까지 포함될 수 있다. 모르는 사람에게 짓는 미소(그리고 그들이 답하는 미소), 아주 맛있는 차, 오래된 친구와의 만남, 사랑한다고 말하는 것, 모두 목록에 들어갈 수 있다. 가능성은 끝이 없다.

이 훈련의 목적은 두 가지다. 첫째, 자신에게 일어나고 있는 좋은 일에 집중하여 보다 긍정적인 마음가짐을 기르는 것이다. 끔찍한 하루를 보냈다면 그 참사에 집중하기 쉽지만, 그 하루의 끝에 완벽한 주차 공간을 찾았다면 어떨까? 이 훈련은 항상 어떤 일에서든 좋은 것을 찾게 하고, 이런 작은 변화는 시간이 흐르면서 여러분 삶에 굉장히 긍정적인 영향을 줄 수 있다.

둘째, 만약 스스로 아주 운이 없고 일이 뜻대로 되지 않는다고 느끼기 시작한다면 단순히 목록을 확인하면 된다. 실제로 멋진 일이 얼마나 많이 일어났는지 알게 되면 놀랄 것이다. 몇 주 후에는 목록이 방대해질 테고, 이 경이로운 일을 모두 다시 보면 강력한 힘이 생길 수 있다.

나는 '멋진 일을 담는 병'에 영감을 받아 어떤 의식을 만들었고, 내가 극복한 모든 도전 기록을 저장하는 방법으로 활용한다. 바로 '역경을 담는 병'이다. 독창적이지 않은가!

이 의식으로, 나는 그날 내가 맞닥뜨려 극복한 어려운 일들을 모두 메모했다. 휴대폰에 '역경의 병'이라고 이름 붙인 폴더를 생성하고 그 안에 적었다. 이 일들은 이 책에서 소개한 것처럼 큰 도전이나 아주 사소한 도전일 수도 있다. 그날그날 어려움에 대처하는 데 성공할 때마다 목록에 추가되었다. 이는 크든 작든 상관없이 내가 극복한 어려움을 찾게 했다. 어떤 종류의 정신적 저항이든 목록에 올라갈 수 있다. 보통 때는 아침에 해낸 일상적인 활동, 직장에서 처리한 까다로운 일, 해결한 개인적인 삶의 문제들이 모두 포함된다. 정말로 큰일들은 아니지만, '멋진 일을 담는 병'의 발상처럼 내가 극복한 일에 집중하는 데 도움이 되었다.

때로는 관련된 어려움들과 그 경험에서 무엇을 배웠는지 적을 작정이다. 이 목록을 다시 볼 때면 내가 극복하고 이뤄낸 일들에 놀란다. 지금 시작해 보라. 여러분도 자신이 얼마나 강한지 보게 될 것이다. 작은 장애물을 많이 극복할 수 있다는 걸 스스로 증명하면 눈덩이 효과로 거대하고 야심 찬 도전을 가능하게 해줄 것이다.

교훈 5: 큰 성장은 두려움을 직면하는 데서 온다

꽤 뻔한 말 같지만 나는 두려움을 똑바로 마주하는 데까지 시간이 오래 걸렸다. 불안에 대처하고 그 감정을 피하지 않고 들여다보는 것이 내 첫 반응은 아니었다! 두려움에 다가가는 것은 직관에 반하는 일처럼 느껴지지만, 그것은 정말로 놀랍도록 힘을 실어주고 삶을 변화시키는 과정이다. 종이 위에서는 너무 쉽지만, 현실에서는 할 수 있는 가장 어려운 일 중 하나다. 상황이 어려울 때 성장이 있다. 그리고 성장이 있을 때 긍정과 위대함이라는 세계 전체가 여러분을 기다리고 있다.

두려움을 마주하려면 용기가 필요하고, 이는 가볍게 받아들일 일이 아니다. 두려움에 관해 배우는 것은 또 하나의 가치 있는 교훈이었다. 종종 도전을 완수하려고 시도할 때, 저항으로 작동하는 작은 두려움과 마주치곤 했다. 예를 들어 일본어 스카이프 수업을 처음 들을 때 나는 매우 긴장했다. 정말로 겁이 나서 마지막 순간에 거의 취소할 뻔했다. 하지만 수업이 시작되자마자 두려움은 사라졌다. 커다란 두려움은 아니지만, 그것이 내 삶의 모든 영역에서 줄이고 싶은 '정신적 저항'의 일부다.

가야 할 길을 안다고 해서 실제로 그 길로 가는 게 쉬워지지는 않는다. 크건 작건 새로운 두려움을 만날 때마다 같은 유형의 저항에 부딪힌다. 틀림없이 살면서 불쑥불쑥 나타날 이런 도전에 계속 끈질기게 정면으로 부딪칠 수 있기를 바란다.

교훈 6: 교훈을 찾는다

배울 교훈은 항상 있다. 실패와 성공, 역경을 겪다 보면 우리가 배울 무언가는 항상 있다. 교훈을 찾는 법을 배우려면 때로는 조금 더 열심히 봐야 하지만, 방법은 항상 존재할 것이다.

『도덕경』에는 훌륭한 표현이 있다. '행운은 불운 속에 숨어 있다.'

나쁜 일에는 항상 좋은 일이 있으며, 이걸 이해하려면 세상을 보는 방식을 조절해야 한다. 이 전제는 우리에게 긍정을 더 열심히 찾아야 한다고 말한다. 즉각적으로는 분명하지 않을 때도 있겠지만, 시간이 지나면 저절로 드러날 것이다. 그게 언제가 될지 모르기에 수용하는 자세를 유지하고 안 좋은 사건들 안에 있는 좋은 일에 열려 있어야 한다. 쉽지는 않을 것이다.

'모든 것에 교훈이 숨어 있다'나 '나쁜 경험 안에 좋은 교훈이 숨어 있다'로 이 격언을 조금만 변경하면, 우리가 맞닥뜨린 각각의 사건에서 교훈을 찾을 수 있다. 이 행성에서의 모든 경험은 우리에게 무언가를 가르쳐주고 있고, 이러한 교훈에 귀 기울이는 법을 배우는 일은 중요하다.

한번은 마라톤을 위해 훈련하던 중 무릎을 심하게 다쳐 걸을 수 없게 되었다. 당시에는 엄청난 참사였고, 내 지나친 열정의 직접적인 결과였다. 하지만 그게 무엇이고 어떻게 대처해야 하는지 배우자마자 나는 달리기 실력을 한 단계 올리는 데 도움이 되는 요가 지원 체계를 발전시켰다. 또한 과도한 훈련으로 인한 부상에 대해 고생하면서 배웠다. 나쁘다고 생각했던 것에서 좋은 일이 생겼다.

교훈을 찾은 또 다른 개인적인 예시는 불안에 있었다. 당시에는 불안이 세상에서 가장 나쁜 것이라고 여겼고, 나는 산산이 부서져 있었다. 하지만 이제 불안은 지금껏 만난 최고의 스승이고, 상상할 수 있었던 것보다 더 많이 나 자신과 세상에 대해 가르쳐 주었다. 처음에는 끔찍했던 일도 내 삶의 가장 훌륭한 배움의 경험으로 드러났다.

캐럴 드웩 박사의 책 『마인드셋』에서 영감을 받아 성장 마인드셋을 받아들인 일은 탈피의 과정이었다. 실패가 나에게 멋진 것을 가르쳐 주기에 나는 이제 실패에 훨씬 더 익숙하고 편안하다. 내가 여기서 말하는 교훈은 모두 이 책을 쓰고 도전 과제를 완수하며 얻은 직접적인 경험이다. 그 과정에서 수많은 실패와 재난에 대처하는 법을 배우면서 변화가 생겼다. 이전의 나는 실패를 그저 실패로 보았겠지만, 이제는 실패를 기회로 본다. 그 차이는 현저하다.

이 책을 읽으면서 여러분은 내가 항상 교훈을 찾고 있음을 알아차렸을 것이다. 각 도전 과제는 '배운 점'을 담고 있고 나는 매번 과제를 완수하면서 배운 구체적인 교훈을 되돌아보았다. 교훈을 찾는 일은 자연스럽게 배워지는 기술이 아니라 개발해야 했다. 시간이 지나면서, 하는 모든 일에서 교훈을 찾는 데 더 능숙해졌다. 눈을 크게 뜨고 있으면 여느 때와 다른 곳에서 교훈을 많이 발견할 것이다. 성장 마인드셋을 받아들이면 진정으로 변화가 일어난다.

교훈 7: 누구나 감당하고 있는 무언가가 있다

이 프로젝트의 개념을 공유하고 불안을 언급할 때마다 항상 사람들의 반응에 놀란다. 그들은 종종 개인적으로 경험하고 있던 일들을 즉각적으로 이야기한다. 내가 걱정과 불안을 공유한다는 사실만으로도 사람들은 자신의 문제와 걱정을 나에게 편하게 이야기하게 된다. 매우 통찰력이 있었고 나만이 그런 방식으로 생각하는 건 아니라는 사실을 가르쳐 주었다. 사실 대부분 사람이 감당하고 있는 무언가가 있다. 어떤 사람은 이걸 잘 숨기는 반면, 어떤 사람은 아주 빤하게 보인다. 아주 성능이 좋은 상업용 손전등을 눈에 비추는 것 같달까.

대부분 사람이 '문제'를 가지고 있다는 걸 알면 사실 꽤 안심된다. 우리는 모두 이 안에서 함께, 각자 다른 역경과 연약함과 싸우고 있다. 누군가에게는 어려운 패가 와서 일찍 어려운 시간을 극복하는 법을 배워야 하는 반면, 다른 누군가는 절대 배우지 못한다. 완벽한 사람은 없고 우리는 모두 약점이 있지만 그게 바로 우리가 인간이라는 증거다. 우리는 연약하지만 이런 약함을 다른 이들과 나누면 궁극적으로 더 강해질 것이다.

친구들과 가족들에게 내 불안에 대해 털어놓자마자 모든 게 더 쉬워졌다. 혼자 조용히 고통받지 말라. 절대.

일련의 '역경 롤 모델'을 창조하는 일은 멋진 훈련이다. 이는 멋지게 자신감을 가지고 어려운 상황에 대처한 주위 사람들과 인생의 어려움을 극복한 여러분이 모르는 사람들의 혼합일 수 있다. 나에게는 다양한 롤 모델이 있고, 역경을 딛고 승리를 거둔 굉장한 사람들의 자서전을 읽으며 영감을 많이 받았다. 영감을 준 사람들을 따라 해 보는 것은 훌륭한 배움이었고 내 삶의 많은 부분을 다른 시각으로 보게 해 준 계기였다.

아버지는 내가 만난 사람 중 가장 스토아 철학자에 가까운 사람인데, 나는 아버지가 삶의 도전에 어떻게 대처하는지 관찰하면서 정말 많은 것을 배웠다. 역경 연습을 시작할 때까지는 이런 태도를 전혀 눈치채지 못했다. 최근 아버지는 연달아 건강 문제를 겪었고 품위 있고 용감하게, 그리고 냉정하게 그 문제들을 헤쳐 나갔다. 정말 눈에 띈 한 가지 예시는 아버지가 연극을 연출하고 있을 때 일어났다. 아버지가 하는 일은 정말 다양하지만, 거의 평생을 배우로 보낸 후에 요즘은 연극을 많이 연출하고 있다. 하루는 연극을 무대에 올리기 전날 밤 배우 한 명이 건강 이상으로 무대에 오를 수 없게 되었다. 유일한 선택지는 아버지가 대신 무대에 올라 그 배우를 대신해 몇 번의 공연을 하는 것이었다. 첫날 밤 공연에서 아버지는 갑작스럽게 움직였고, 난데없이 왼쪽 눈의 시력이 사라졌다. 한쪽 눈이 완전히 암흑에 휩싸인 것이다. 얼마나 무서웠을지 나는 상상조차 할 수 없지만 아버지는 그럼에도 연기를 계속 이어나갔다. 아버지는 첫날 공연을 마치고(아무도 아버지의 시력 상실을 알아차리지 못했다) 곧바로 무슨 일이 일어난 건지 알아보려 안과의사를 찾아갔다. 의사는 망막이 분리되어 다시 붙이는 수술을 해야 한다고 설명했다. 추가 검사를 마친 후 다른 쪽 눈의 망막도 헐겁게 붙어 있다는 게 발견되었고 의사는 두 눈을 동시에 교정해야 한다고 했다. 망막이 분리된 사람들 대부분은 한 번에 한쪽 눈만 수술을 받기 때문에 이런 일은 드물었다. 수술은 그다음 주에 잡혔고 아버지는 휴식을 취하라는 지시를 받았다. 하지만 아버지는 쉴 수 없었다. 아버지는 수술 전까지 계속 무대에 올랐고, 불평하거나 자기 연민에 빠지지 않았다. 믿기지 않는다. 나라면 이런 경험에 버둥댔을 테고 시력 상실에 정말로 겁을 먹었겠지만, 아버지에게는 그저 '골칫거리'에 지나지 않았다. 아버지는 자신의 운명을 받아들이고 항상 괜찮을 거라 믿었다. 아버지는 두 눈이 회복하는 데 6주가 걸릴 거라는 사실에 집중하지 않았고 어머니가 간호해야 하는 상황에 대해 농담하기 시작했다.

수술을 받은 후 몇 주간 아버지는 회복을 위해 최대한 똑바로 누워 있어야 했다. 아버지는 불평 한마디 하지 않았고 항상 긍정적인 방식으로 미래에 초점을 맞추었다. 아버지는 그 상황을 가볍게 받아들이고, 접시가 아니라 자기 허벅지에 케첩을 쭉 짰을 때 웃기까지 했다.

아버지의 시력은 그 어느 때보다 더 좋아졌고 이제는 눈은 아주 건강하다. 나는 아버지가 그 상황에 어떻게 대처하는지 보고 영감을 받았고, 나도 이런 마음가짐을 따라 할 수 있기를 바란다.

상황이 힘들어지는 순간에 우리는 누가 얼마나 정신적으로 강한 지에 대해 진정한 통찰을 얻는다. 어려운 상황은 사람들에게서 최선을 끌어낼 수 있다. 다른 사람들에게는 상황이 그렇게 친절하지 않아서 압박감에 무너질 것이다. 주위 사람들을 인식하는 일은 매우 유용하고 쓸모 있는 교훈을 많이 제공한다. 아는 사람이 압박감과 어려움, 역경에 제대로 대처하지 못할 때 주의를 기울여라. 그들의 행동을 하지 말아야 할 기준으로 삼아라. 이건 큰 도움이 될 것이며, 이런 유형의 행동에 따른 직접적인 결과를 보여줄 것이다.

반면, 어려움에 잘 대처하는 주위 사람들을 모방하는 데서는 영감을 얻을 수 있다. 그 사람에게 상황이 계획대로 되지 않을 때 어떻게 평정심을 잃지 않을 수 있었는지 물어보라. 대답을 주의 깊게 듣고 그것이 어떻게 당신이 개인적으로 어려움을 대처하는 방식에 적용될 수 있을지 생각해 보라. 기억해야 할 중요한 점은 항상 개선할 여지가 있고, 누구에게서 중요한 깨달음을 얻게 될지 모른다는 것이다.

교훈 9: 올바른 늑대에게 먹이 주기

내 삶에서 가장 중요한 변화는 책을 규칙적으로 읽기 시작했을 때 일어난 것 같다. 올바른 종류의 콘텐츠를 소비하면서 생각하는 방식이 완전히 바뀌었다. 자신을 개선하고 마음가짐을 바꾸는 방법으로 책을 읽기 시작했다. 단순한 오락이 아니라 더 높은 목적을 가다듬는 일로 독서를 바라보자, 독서에 중독되었다. 읽는 책마다 모두 메모를 했다. 그렇게, 필요할 때마다 확인할 수 있는 풍부한 정보를 얻었다. 콘텐츠가 모두 나에게 말을 걸어와서 정기적으로 다시 보는 게 매우 흥미롭고 유용하다고 느꼈다.

머리에 집어넣는 것이 생각하는 방식을 바꿀 테니 신중하게 선택하라. 독서라고 말하지만, 실제로는 오디오북이나 팟캐스트, 온라인 영상 등을 통해 긍정적인 콘텐츠를 소비할 수도 있다. 긍정적이고 성장에 도움이 되는 한, 접해 보라. 세상엔 아주 많은 것이 있고, 문명으로써 인터넷과 테크놀로지가 우리에게 해준 일은 놀랍다. 탐험해 보고 무엇을 찾을 수 있는지 확인하라.

'너는 네가 소비하는 것이다'라는 생각을 보여주는, 보다 긍정적인 마음가짐을 키우는 것에 대한 멋진 이야기를 들었다. 이야기는 선과 악, 긍정과 부정, 사랑과 증오, 다른 양극화된 개념들이 어떻게 자라났는지 탐구한다.

기원은 북미 원주민의 이야기로, 어린 남자아이와 할아버지가 나눈 짧은 대화에서 왔다. 소년이 대화를 시작한다. "할아버지, 왜 세상에는 악이 있어요? 왜 나쁜 사람들이 있어요?" 할아버지가 대답한다. "우리 안에는 늑대가 두 마리 있단다. 하나는 좋은 늑대고 하나는 나쁜 늑대지. 녀석들은 끊임없이 서로와 싸우고 항상 녀석들을 품고 있는 사람의 마음을 차지하려 애쓴단다." 소년이 잠시 생각하다가 묻는다. "그럼, 할아버지, 어떤 늑대가 이겨요?" 할아버지가 한 박자도 놓치지 않고 답한다. "네가 먹이를 주는 쪽이란다."

내면의 긍정적인 감정에 먹이를 주면 더 긍정적인 사람이 될 거라는 생각은 훌륭하다. 나는 직접 경험했기 때문에 이 이야기가 아주 마음에 든다. 올바른 종류의 책을 계속해서 읽으면 긍정적이고 사랑스럽고 낙관적인 부분에 먹이를 주게 된다. 나는 부정과 불안, 두려움에 집중하는 쪽을 선택한 사람이었다. 항상 거기에 집중하면서 내 안에서는 나쁜 늑대가 전투에서 이기고 있었다. 먹이를 주는 늑대를 바꾸면서 내 삶은 말 그대로 탈바꿈했다. 이 많은 도전 과제를 완수할 수 있도록 생각하는 방식을 바꿔야 했고, 궁극적으로 세상을 바라보는 시각에 뜻깊은 차이를 만들어냈다. 삶은 이제 끔찍한 일들이 일어나길 기다리는 무서운 곳이라기보다 모험에 더 가깝다.

삶에서 부정적인 원천을 제거함으로써 경험한 안도감은 이루 다 말할 수 없다. 누군가는 삶을 부정하는 거라고 말할지도 모르지만 나는 전혀 동의하지 않는다. 나는 아주 조심스레 무엇에 집중할지 선택하고 항상 긍정적인 면을 찾을 것이다. 상황을 바라보는 방법은 많고 더 어둡고 냉소적인 길을 택하기는 아주 쉽다고 느낀다.

우리는 경이로움과 기회, 흥분으로 가득한 멋진 세상에 살고 있다. 그걸 보도록 우리 마음을 훈련하는 일은 지속적인 행복과 긍정을 이루는 가장 훌륭한 방법일 것이다. 올바른 마음의 채소를 섭취하면, 우리는 정신적으로 건강하고 강하게 성장할 수 있다.

교훈 10: 불편함에 편안해지기

이 모든 '이론'은 실천에 옮기지 않으면 아무 의미가 없다. 우리의 안락한 영역을 벗어나는 것은 쉽지 않지만, 그것이 큰 성장을 가져다줄 것이다. 나는 지금까지 쌓아온 경험 덕분에 아주 다른 사람이 되었다. 불안을 다루고 이를 정신적으로 더 강해지는 방법으로 활용하는 것이 깊은 변화를 가져왔다.

대부분의 교훈은 책에서 읽은 모든 도구와 방법들을 실제로 시험해 보면서 배웠다. 새로운 대처 방법이나 트릭을 발견해 정신적 강인함을 키워나가는 것이 너무 즐겁다. 그것을 실제로 테스트해 보는 과정이 재미있고, 어떤 새로운 아이디어가 나에게 진짜로 울림을 줄지 모른다는 점이 흥미롭다.

현실은 대부분의 사람들이 각기 다른 방식으로 일한다는 것이다. 이 책의 도전 과제들은 나에게 있어 매우 개인적이며, 스스로를 진정으로 밀어붙일 수 있게 해주었다. 여러분에게도 어느 정도 공감할 부분이 있을 거라 생각하지만, 분명히 나와는 다른 방식으로 도전하게 될 것이다.

우리는 모두 다른 관점으로 상황을 보고 그에 대처하는 수많은 방법을 가지고 있다. 여러 아이디어를 시험하는 것은 그 과정에서 자신에 대해 더 많이 배우기 때문에 굉장히 재미있다.

최근에 지하철을 타는 데 어려움을 겪고 있는 친구에게 두려움을 다루는 방법으로 비디오 게임 테트리스를 사용하는 법에 대해 이야기한 적이 있다. 테트리스를 하면 논리와 추론을 요구하는 뇌의 일정 부분을 사용하게 되어, 감정적이고 불안한 뇌의 부분을 차단할 수 있다. 연구에 따르면, 심각한 트라우마를 경험한 사람들에게 사건 직후 테트리스를 노출시키면 더 빨리 회복할 수 있다고 한다(이런 것들을 어떻게 측정하는지 나는 잘 모르겠지만 말이다). 이 이야기를 친구에게 가볍게 언급했더니, 며칠 후 그녀가 자신의 테트리스 최고 점수를 보내주며 이 방법이 얼마나 도움이 되었는지 말해주었다.

이것은 정말 흥미롭고, 작은 정보도 큰 도움이 될 수 있다는 것을 보여 준다. 이 방법이 모든 사람에게 효과가 있을까? 솔직히 말하자면, 잘 모르겠다. 하지만 한번 시도해 보면 뜻밖의 좋은 결과를 경험할 수도 있다.

새로운 아이디어에 열려 있는 것이 중요하다. 만약 내가 이 중 어느 하나라도 효과가 없다고 생각했다면, 인생을 바꿀 수도 있는 기회에 자신의 부정적인 생각을 덧씌우는 셈이었을 것이다. 만약 내가 이 도전과 아이디어들을 실제로 직접 시도하고 스스로를 밀어붙이지 않았다면, 나는 변화하지 않았을 것이다. 실천을 통한 경험은 마법 같았다.

이 전체 프로젝트에서 내게 가장 중요한 두 가지 교훈은 교훈 9와 10이다. 이 두 가지 교훈은 나에게 가장 큰 배움의 경험을 주었고 그 과정에서 나 자신에 대해 많은 것을 배웠다. 올바른 늑대에게 먹이를 주고, 훌륭하고 영감을 주는 콘텐츠를 소비하고, 아이디어를 모두 현실 세계에서 시험하라. 당신은 금방 불편함에 익숙해질 것이고, 당신의 삶은 결코 이전과 같지 않을 것이다(당연히, 더 나은 쪽으로).

세상이 그 어느 때보다 빠르게 변하고 있다. 눈이 닿는 곳이면 어디든 끊임없이 거듭되는 변화가 일고 있다. 살아있다면 경험할 수밖에 없다. 변화에 대처하는 방식은 굉장히 중요하며, 그게 바로 이 프로젝트의 아이디어들이 우리 모두에게 유의미하다고 믿는 이유다.

인공지능의 진보와 과학기술의 급격한 발전, 전 세계 사람들과 소통하는 능력과 더불어, 우리는 진정으로 흥미로운 시대에 살고 있다. 이제 24시간 편의점은 어디에나 있다. 인류 역사상, 새벽 한 시에 과자 한 봉지를 구입하기가 이보다 더 쉬운 시대는 없었다. 운이 좋지 않은가?

우리는 문명공동체로서 주요 과제들을 안고 있다. 세상이 바뀌며 흥미로운 방향으로 나아가고 있지만, 우리 앞에는 여전히 장애물들이 남아있다. 함께 풀어나가야 하는 환경 문제, 인도주의 문제, 사회 문제들과 직면해 있다. 나는 우리가 이 일을 해결할 수 있다고 확신하지만, 그 시작은 먼저 개인적인 차원에서 이루어져야 한다고 믿는다. 세상을 구하기 전에 자신을 먼저 구해야 한다.

사회가 직면한 수많은 문제로 뛰어들기 전에 **우리 스스로 길에 솟아 나 있는 요철들에 대처하는 법을 배워야 한다.** 우리는 모두 힘든 일을 맞닥뜨릴 테니 그에 맞춰 대비하는 것이 최선이다. 쏟아진 우유 때문에 울기 시작하고(분명, 쓸데없는 일이다) 마트 주차장에서 무례하게 구는 사람 때문에 화를 낸다면 우리는 사회가 직면하는 더 폭넓은 문제들을 마주하는 데 어려움을 겪을 것이다. 웨이터를 친절하게 대할 수 없다면 우리 눈앞에 있지도 않은 사람들에게 어떻게 친절할 수 있겠는가? 공감 능력을 발전시키는 일은 중요하며, 나는 진심으로 그것이 개인으로서 우리가 누구인지 더 잘 이해하는 데서 비롯된다고 생각한다.

다른 사람들을 친절하게 대하고 작은 자극에 반응하지 않고 내면의 힘을 기르는 것이 수천 년 전에 스토아학파가 믿고 매일 실천했던 일이다. 이 지혜는 오늘날에도 유효하며, 인류가 함께 평화롭게 앞으로 나아가는 데 도움을 주리라 믿는다.

"네가 세상에서 보고 싶은 그 변화가 되어라."

-마하트마 간디

니는 간디의 이 명언이, 그리고 우리의 행동이 어떻게 더 큰 공동체에 영향을 미치는지 생각하게 만드는 방식이 좋다. 모두가 자기 행동에 책임을 지고 더 나은 자신이 되려고 노력한다면 세상은 다른 모습일 것이다. 지속되는 변화를 경험하려면 모두가 한배에 타야 한다. 누구에게 영감을 불러일으킬지 우리는 모르지만, 모범을 보이면 이는 연쇄 반응을 일으킨다고 생각한다. 인격을 키우기는 어렵지만 파급 효과가 생길 수 있다. 할머니가 비행기에서 뛰어내리고 얼음 목욕을 하기 시작하면 할머니의 삶을 향한 열정은 전파될 것이다. 심지어 할머니와 함께해야 한다고 느낄지도 모른다. 이 모든 것이 우리의 태도와 마음가짐에서 출발한다고 믿는다. 우리가 전 세계적으로 더 이어지게 될 때, 자신을 인식하는 것은 명확하고 친절한 소통을 위해 필수적이며, 우리가 살아갈 미래의 모습을 결정짓는 중요한 요소가 될 수 있다.

이러한 측면에 초점을 맞춘다면 미래는 흥미진진하다. 일어날지도 모르는 부정적이고 소름이 끼치는 이야기들이 쏟아질 때 두려움에 빠지기는 쉽다. 그리고 그런 일은 수도 없이 많다. 하지만 항상 있어 온 일이 아닌가? 컴포트존을 박차고 나가면 미래에 대비하는 방법을 배울 수 있다. 그게 무엇일지 누가 알겠는가? 사람마다 다르겠지만 미리 준비하면 우리를 기다리고 있는 어려움에 대처하는 시스템을 갖출 수 있다.

이 책의 도전과 철학은 우리가 삶의 혼돈에 대처할 수 있게 도와준다. 이 아이디어들에 몸을 맡기고 자신을 밀어붙이는 것은 더 나은, 더 강한 사람이 되기 위한 과정이다. 여러분의 여정에 행운을 빌며 이 훈련으로 삶이 풍요로워지고 더 강인해지기를 바란다.

미지의 세계여, 오라. 불편함이여, 덤벼라!

불편함에
편안함을 느껴라

불편함에 편안함을 느껴라

펴낸날 2025년 5월 15일 1판 1쇄

지은이 벤 알드리지
옮긴이 정시윤
펴낸이 김영선
부대표 김대수
편집주간 이교숙
책임교정 나지원
교정·교열 정아영, 이라야
경영지원 최은정
디자인 스튜디오 글리
마케팅 신용천

펴낸곳 파인북
주소 경기도 고양시 덕양구 청초로 10 GL 메트로시티한강 A동 20층 A1-2002호
전화 (02) 323-7234
팩스 (02) 323-0253
홈페이지 www.mfbook.co.kr
출판등록번호 제 2-2767호

값 18,800원
ISBN 979-11-986325-2-4 (03190)

파인북과 함께 새로운 문화를 선도할 참신한 원고를 기다립니다.
이메일 dhhard@naver.com (원고 투고)